»Wer den Dichter will verstehen, muß in Dichters Lande gehen.« So reimte schon Goethe vor rund 200 Jahren. Wie aufschlußreich mag es da erst sein, die unmittelbare Umgebung des Dichters – und der Dichterin – kennenzulernen. In 13 Porträts führt Hans-Günter Semsek durch die Häuser berühmter englischer Autorinnen und Autoren, erzählt, wie sie hier gelebt und gearbeitet haben, und informiert anschaulich und unterhaltsam über ihren Werdegang.

insel taschenbuch 2553

Hans-Günter Semsek
Englische Dichter und ihre Häuser

Der Schreibtisch von Jane Austen
in Chawton House

Hans-Günter Semsek

Englische Dichter und ihre Häuser

Mit farbigen Fotografien
von Horst und Daniel Zielske

Insel Verlag

Umschlagfoto: Rudyard Kiplings Schreibtisch in »Bateman's«,
Foto: © The National Trust Photographic Library, London

insel taschenbuch 2553
Erste Auflage 2001
Originalausgabe

Hinweise zu dieser Ausgabe am Schluß des Bandes
Vertrieb durch den Suhrkamp Taschenbuch Verlag
Umschlag: Michael Hagemann
Satz: Hümmer GmbH, Waldbüttelbrunn
Druck: Konkordia, Bühl
Printed in Germany

1 2 3 4 5 6 – 06 05 04 03 02 01

Inhalt

Vorwort

»Wer den Dichter will verstehen, muß in Dichters Lande gehen«, reimte Goethe schon vor rund 200 Jahren. Den Dichter – und die Dichterin – lernt man allerdings noch besser verstehen, wenn man sich nicht nur im Lande, sondern gleich auch noch im Haus, in den ganz privaten Räumen, umschauen kann und wenn man darüber hinaus weiß, wie er bzw. sie hier gelebt und gearbeitet hat.

In diesem Bändchen werden dreizehn auch bei uns bekannte englische Schriftsteller und Schriftstellerinnen in unterschiedlich langen biographischen Essays vorgestellt, und (fast) ihnen allen ist gemeinsam, daß man ihre Häuser mit der originalgetreuen Einrichtung in der englischen Countryside besuchen kann.

Die Idee zu diesem Büchlein kam mir 1993, als ich zwei Monate lang durch Südengland reiste, um für einen Reiseführer über diese Region Großbritanniens zu recherchieren. Ich besuchte eine ganze Reihe der hier beschriebenen Dichterhäuser, und mir fiel auf, wie neugierig, fast schon voyeuristisch ich durch die Räume ging, Bilder anschaute, Schreibtische genau unter die Lupe nahm und die Buchrükken in den Arbeitszimmern und den Bibliotheken intensiv studierte. Am Ende meiner Reise kaufte ich mir dann in einer Londoner Buchhandlung sämtliche Biographien jener Schriftsteller, deren Häuser ich besucht hatte.

Wann immer ich in den folgenden Jahren in Großbritannien unterwegs war, egal ob in Schottland, Wales oder England, suchte ich stets nach weiteren Dichterklausen, die ich besichtigen konnte, und erstand weitere Biographien ihrer einstigen Besitzer. Bücher wie *Puck vom Buchsberg*, *Die Fahrt zum Leuchtturm*, *Orlando*, *Schloß Chevron*, *Die Schatzinsel*, *Ivanhoe*, *Stolz und Vorurteil*, *Die sieben Säulen der Weisheit*, *Unter dem Milchwald* erschienen mir fortan in einem anderen Licht. Ich hatte jetzt eine sehr genaue Vorstellung davon, wo und in welcher Umgebung und Atmosphäre sie geschrieben worden waren, und nicht selten war auch das Haus eine Quelle der Inspiration gewesen.

Köln, im September 2000 *Hans-Günter Semsek*

»Our Chawton Home« – Jane Austen in Chawton House

Im Juli des Jahres 1809 zog die sechsunddreißigjährige Schriftstellerin Jane Austen in ein massives, rostrotes Ziegelhaus im Weiler Chawton. Das Örtchen liegt nur wenige Kilometer entfernt von Winchester inmitten der pastoralen Landschaft Südenglands. Der wuchtige rechteckige und schindelgedeckte Bau stammt aus dem 17. Jahrhundert und war ursprünglich als Gasthof und Postkutschenstation geplant; schon bald aber nahm der Gerichtsvollzieher und Friedensrichter der Region Quartier in dem Haus. Janes Bruder Edward erbte einige Jahrzehnte später das Anwesen, ließ es umfangreich renovieren und bot dann der Mutter und den Schwestern Jane und Cassandra an, hier endlich zur Ruhe zu kommen. Alle drei waren in den vergangenen Jahren durch verschiedene Orte Südenglands gezogen, ohne eine feste und sichere Bleibe zu haben. So kümmerte sich die alte Mrs. Austen von nun an um den Garten und pflegte ihre Handarbeiten und Stickereien; Cassandra wandte sich der Organisation des Haushaltes zu, so daß Jane in den ihr verbleibenden acht Jahren ihres so kurzen Lebens von Alltagssorgen befreit sich intensiv der Schreiberei widmen konnte. Dennoch war sie nicht ganz ohne häusliche Aufgaben. Sie war für den Zucker und den Tee sowie für den Keller zuständig und außerdem für das tägliche Frühstück verantwortlich.

Kurz nach dem Einzug schrieb sie ihrem zweiten Bruder Francis, einem Marine-Offizier, die folgenden glücklichen Zeilen über das neue Heim:

> »Our Chawton Home, how much we find
> Already in it to our mind;

Chawton House

And how convinced that when complete
It will all other houses beat.«

Fast 200 Jahre nach dem Erscheinen ihrer Bücher feiern die Werke von Jane Austen ein großes Comeback in Kino und Fernsehen. Ihre Bücher *Stolz und Vorurteil*, *Verstand und Gefühl*, *Emma* und *Überredungskunst* wurden verfilmt und zogen die Massen vor die Leinwände und die Mattscheiben. *Verstand und Gefühl* erhielt einen Golden Globe und *Emma* gewann einen Oscar. Für die Fernsehverfilmung der BBC von *Stolz und Vorurteil* sollen die Briten – so Elsemarie Maletzke in ihrer Austen-Biographie – sämtliche Geschwindigkeitsbeschränkungen auf den Straßen überschritten und sich dafür viele Strafmandate eingehandelt haben, nur um rechtzeitig nach Hause und vor den Fernseher zu kommen. Die *Times* orakelte, »daß in den Filmstudios das Knarzen der Korsettstangen zu hören gewesen sei und jenes undefinierbare Geräusch, das entsteht, wenn man den Frauenbusen in historische Kostüme zwängt«.

Solcherart Renaissance ist beachtlich – und das bei Büchern, die in einer prüden, sinnenfeindlichen Gesellschaft spielen. Doch Jane Austens Romane sind nur vordergründig ohne Erotik. »Jane Austen ist sexuell«, so äußerte sich Emma Thompson, die das Drehbuch zu *Verstand und Gefühl* (der deutsche Filmtitel lautet *Sinn und Sinnlichkeit*) schrieb und auch die Hauptrolle spielte. Und schon vor gut einem Jahrhundert sagte George Moore: »Wir gehen nicht in Gesellschaft, weil wir Vergnügen am Gespräch, sondern weil wir, direkt oder indirekt, Vergnügen am Sex suchen. Wie hätten wir das ohne Miss Austens Hilfe herausgefunden?«

Jane Austen wurde am 16. Dezember 1775 als siebtes von acht Kindern – die trotz der hohen Kindersterblickeit in jenen Tagen alle überlebten – in dem kleinen Dörfchen Steventon in der südenglischen Grafschaft Hampshire geboren. Es war ein eiskalter Wintertag, und der Schneesturm fegte heulend über die Hügel der Gegend. Erst im April konnte der Säugling getauft werden und wurde danach zu einer Amme gegeben. Dies war ein durchaus normaler Vorgang bei halbwegs begüterten Familien, deren Mütter das schreiende Baby erst einmal unter den Füßen weghaben wollten. Nach einem Jahr kam Klein Jane wieder ins Pfarrhaus zurück als »ein Spielzeug für ihre Schwester Cassy und eine zukünftige Gefährtin«, wie der Vater notierte. Die drei Jahre ältere Cassandra hielt davon allerdings gar nichts, wollte von der kleinen Schwester absolut nichts wissen, trampelte, schrie, bekam eine Tracht Prügel und »lernte schließlich die Neue – Jenny – mit sich herumzuschleppen und aufzupassen, daß sie nicht in den Ententeich fiel. Sie wurden gute Freundinnen und Verbündete in einem Haus voller Männer«.

Unter dem elterlichen Schutz des Reverend George Austen und seiner Ehefrau Cassandra verlebte Jane zusammen mit ihren Geschwistern eine glückliche Kindheit. Vor allem liebte sie ihre ältere Schwester Cassandra, und die beiden sollten sich ein Leben lang nicht trennen. »Wenn Cassandra der Kopf abgeschnitten werden sollte, würde Jane darauf bestehen, ihr Schicksal zu teilen«, so soll Mrs. Austen einmal das Verhältnis ihrer beiden Töchter auf den Punkt gebracht haben.

Nach drei kurzen Schulaufenthalten kehrten die beiden Schwestern 1785 in die Familie zurück, und Jane verschlang die Bücher ihres Vaters. Tag für Tag saß sie stundenlang in einem großen ledernen Ohrensessel in der elterlichen Bibliothek – die immerhin stolze 500 Werke umfaßte – und las ein Buch nach dem anderen. Jane und Cassandra waren auch eingeschriebene Mitglieder der Leihbücherei. »Wir sind begeisterte Romanleser, und wir schämen uns dessen nicht«, notierte Jane. In der warmherzigen und kultivierten

Atmosphäre des so inspirierenden Haushaltes begannen die Kinder Schauspiele zu schreiben und zusammen mit ihren Freunden aufzuführen. Von frühester Kindheit an wurde auch schon Klein Jane aufgefordert, sich in der Literatur zu versuchen, und im Alter von 14 Jahren vollendete sie ihre erste Novelle *Love and Freindship* (sic). Mit Anfang 20, zwischen 1795 und 1798, schrieb sie in schneller Folge die Bände, die sie etliche Jahre später und nach vielen Umarbeitungen schlagartig bekannt machen sollten, *Verstand und Gefühl*, *Stolz und Vorurteil* sowie *Die Abtei von Northanger*. *Stolz und Vorurteil* hieß damals noch *First Impressions*, und Pfarrer Austen hielt das Werk seiner jüngsten Tochter für so gelungen, daß er sich an den Londoner Verlag Cadell wandte. »In meinem Besitz befindet sich ein dreibändiges Romanmanuskript, das vom Umfang etwa Miss Burneys *Evelina* entspricht.« Der Wink mit dem Zaunpfahl auf Fanny Burney war vom Vater absichtsvoll gesetzt, denn die Dame galt damals als die einzige bedeutende englische Literatin. Der Verleger las dennoch nicht eine einzige Zeile. 1803 aber klappte es, *Die Abtei von Northanger* wurde von einem Verlag angenommen, der sogar 10 Pfund Honorar zahlte – und das Manuskript fortan vergaß. Erst sechs Jahre später bekam Jane es mit der Hilfe ihres Lieblingsbruders Henry wieder und zahlte die 10 Pfund Vorschuß zurück.

Daneben unterhielt Jane, ebenso wie ihre Schwester, eine umfangreiche Korrespondenz, sie schrieben an ihre Freundinnen, ihre Brüder, die schon aus dem Haus waren, an Verwandte. Von großen Gefühlen ist in diesen Briefen wenig zu lesen, berichtet werden die alltäglichen Kleinigkeiten. Als 1932 ihre Briefe publiziert wurden, schrieb Harold Nicolson in einer Rezension: »Nicht nur, daß Jane Austens Briefe trivial und öde sind. Es ist viel schlimmer. Unabweislich drängt sich der gruselige Gedanke auf, wenn wir durch diese Wüste von Familienklatsch pflügen, diesen Katalog von Sonnenhüten, daß Jane Austen auch selbst so war: eine kleine spitze Schere, mit einem rosa Band an einem schmukken jüngferlichen Handarbeitskorb festgebunden.«

Mit Trauer und Schmerz reagierte Jane, als der Vater 1801 seine Diözese aufgab und sich mit der Familie in Bath zur Ruhe setzte. Jane vermißte die ländliche Abgeschiedenheit von Steventon, ihre Freundinnen, haßte das gimpelhafte Leben in der Mode- und Badestadt Bath und machte sich über die gesellschaftlichen Sitten und Gebräuche lustig.

Die folgenden vier Jahre gehörten nicht zu den glücklichsten in Jane Austens Leben. Während ihrer Ferien in Cornwall verliebte sie sich in einen jungen Mann, doch das Glück war ihr nicht hold, der Verehrte starb kurz darauf, und Jane verfiel in tiefe Trauer. Wenig später machte ihr ein weiterer junger Kavalier, der schwerreiche Landbesitzer Harris Bigg Wither, einen Heiratsantrag, und Jane akzeptierte – am nächsten Morgen jedoch hatte sie ihre Meinung geändert und wies den stürmischen Liebhaber ab. »Einmal im Leben sollte jede das Recht haben, aus Liebe zu heiraten«, schrieb Jane an ihre Schwester Cassandra. Wir können also einigermaßen sicher sein, daß Jane Mr. Bigg Wither nicht liebte. Und das, obwohl er gut aussah, Manieren hatte und seine Schwestern ihre Freundinnen waren. Ihr war die Ehe nicht vergönnt, und wahrscheinlich wollte sie auch keinen Gatten – obwohl es an Bewerbern wohl nicht mangelte. Eine Besucherin bezeichnete die junge Dame einmal »als den hübschesten, albernsten, affektiertesten Schmetterling auf Gattenjagd«. Und Janes Cousine Eliza schrieb über sie und Cassandra: »Beide sind vollkommene Schönheiten, zwei der hübschesten Mädchen in ganz England, denen die Herzen dutzendweise zufliegen.«

Ein wesentlicher Grund dafür, daß Jane nicht heiratete, ist sicherlich darin zu suchen, daß sie Schriftstellerin sein wollte und als Mrs. Harris Bigg Wither nicht dazu gekommen wäre. Zwischen 1811 und ihrem Todesjahr 1817 hatte sie fünf große Romane publiziert und einen sechsten angefangen. Als verheiratete Frau hätte sie Kinder großziehen und einem bürgerlichen Haushalt vorstehen müssen, da wäre keine Zeit geblieben, auch nur eine Zeile aufs Papier zu bringen. Sie erlebte, wie drei ihrer Schwägerinnen im Kindbett starben, zwei davon nach der elften Schwangerschaft. Jane dürfte es im Laufe der Jahre zu schätzen gewußt haben, mann- und kinderlos geblieben zu sein. Und daß sie sich keine Illusionen über die Ehe machte, erkennen wir aus ihren Büchern und Briefen. »Mrs. Hall kam gestern sechs Wochen vor der Zeit mit einer Totgeburt nieder, verursacht durch einen Schock. Ich vermute, sie hat aus Versehen ihren Mann angeguckt.« Virginia Woolf notierte über Jane Austen: »So hatte sie mit fünfzehn wenig Illusionen über andere Menschen und keine über sich selbst.« In späteren Jahren soll sie einmal gesagt haben: »Meine Bücher sind meine Kinder.«

Auf dem einzigen Porträt, von dem wir mit Sicherheit wissen, daß es Jane Austen zeigt, sehen wir eine junge Dame mit Häubchen, einem trotzigen Blick, zusammengekniffenen Lippen und mit vor der Brust verschränkten Armen. Hier wahrt jemand Distanz, und die Haube zeigt an, daß sich die Trägerin bereits jenseits des heiratsfähigen Alters wähnte. Bei den Bällen konnte sie sich nun ungestört fühlen, ruhig ein wenig abseits auf dem Kanapee sitzen »und soviel Wein trinken, wie mir schmeckte«. Sie hielt es mit der Etikette, die der Zeremonienmeister und Dandy »Beau« Nash, »der Generalgouverneur der Unterhaltung«, in den Ballsälen von Bath eingeführt hatte: »Die Damen gehobenen Alters und die Kinder mögen sich mit der zweiten Sitzreihe im Ballsaale zufriedengeben, da ja die einen ihre Perfektion hinter sich, die anderen sie noch vor sich haben.«

Nach dem Tod des Vaters 1805 übersiedelte die Familie nach Southampton. Auch hier war Jane nicht glücklich. Sie

Jane Austen
Aquarell von Cassandra Austen

blühte erst wieder auf, nachdem sie ihre Ruhe in Chawton House gefunden hatte. Hier lebte sie das zurückgezogene Leben einer bürgerlichen Landdame und trat im Gegensatz zu ihrer Schwester Cassandra kaum im sozialen und öffentlichen Leben des Dorfes auf. Natürlich wußte niemand im Dorf von ihren literarischen Aktivitäten. Ein- oder zweimal die Woche spazierte sie zum rund 2 km entfernten Marktflecken Alton; das waren die einzigen öffentlichen Auftritte. Morgens war Jane die erste, die aufstand, schließlich war sie für das Frühstück verantwortlich. Zuvor allerdings übte sie auf ihrem Spinett, das sie für die stolze Summe von 30 Pfund erstanden hatte – im Salon von Chawton House steht heute zwar nicht mehr das originale Instrument, aber immerhin eines, das aus jener Zeit stammt. Ihre Nichte Caroline notierte viele Jahre später: »Tante Jane begann ihren Tag mit Musik – für die sie, so vermute ich, eine natürliche Begabung besaß. Sie hatte niemanden, der es ihr beibrachte, und sie wurde nie eingeladen, in Begleitung zu spielen, und auch der Rest der Familie nahm ihre Musikversuche nicht sehr ernst.«

Nachdem das Frühstück beendet und Teller, Besteck und Tassen abgeräumt waren, machte sich Jane im Eßzimmer an den Fortgang ihrer Arbeit. Hier saß sie am Eßtisch, später an einem kleinen Mahagoni-Sekretär und schrieb in ihrer klaren, zierlichen Handschrift. Dabei war sie – vor allem in den ersten Jahren in Chawton – ängstlich bemüht, ihre literarische Tätigkeit vor allen, auch vor Mutter, Schwester und Verwandten zu verbergen. Deshalb soll sie sich auch dagegen gesperrt haben, daß die quietschende Tür zum Eßzimmer geölt wurde. Denn wenn Jane konzentriert bei der Arbeit saß, dann schreckte sie der steinerweichende Ton aus ihren Gedanken, und sie versteckte hastig ihre Blätter. Sie war sehr um Anonymität bemüht, und gegenüber ihrem Verleger gab sie sich anfangs als eine gewisse Mrs. Ashton Dennis aus.

Gegen zwölf Uhr trafen sich die Damen wieder zu einem leichten Lunch – ›noonshine‹ nannte Jane diese Zeit des Tages. Danach machte sie sich auf in den Garten, der in jenen Tagen wesentlich größer war als heute, spazierte unter Bäumen, neben Blumen- und Kräuterbeeten und entlang der Weißdornhecke und überlegte sich den weiteren Fortgang ihrer Arbeit. Das Dinner wurde früh eingenommen: Schon gegen halb fünf saßen die Damen wieder zum Abendessen am Tisch. War das vorbei, dann kümmerte sich die alte Mrs. Austen um ihre Handarbeit, Cassandra malte und Jane las laut einen Roman oder Verse von Lord Byron vor. Sie konnte zur Freude der Schwester und der Mutter sehr schön vorlesen, und sie paßte den Ton, die Lautstärke und die Schnelligkeit ihrer Stimme der Dramatik des Textes so perfekt an, daß die beiden Zuhörerinnen sich wie in einem Theaterstück wähnten.

Ihre Nichte Marianne erzählte einmal, wie sie zusammen mit der Tante schweigend bei einer abendlichen Nadelarbeit vor dem Kamin saß. Urplötzlich brach Jane in schallendes Gelächter aus, lief zum Tisch und schrieb einige Zeilen nieder, dann nahm sie ihren Stickrahmen ohne jeden weiteren Kommentar wieder auf.

Janes Nichte Caroline erinnerte sich viele Jahre später an ihre Besuche bei den Tanten und beschrieb das Haus folgendermaßen: »Es besaß einen geräumigen Eingang, und die beiden Wohnzimmer nahmen die gesamte Länge des Hauses ein, von deren Fenster aus man auf die Hauptstraße des Ortes sehen konnte. Das große Fenster im Salon allerdings war geschlossen worden und diente nun als Bücherregal. Dafür war ein anderes Fenster an die Seite des Hauses gekommen, und von dort schweifte der Blick über Rasen und Bäume, einen hohen hölzernen Zaun und eine Weißdornhecke, die das Anwesen vollständig umlief und von der Winchester Road abschloß.« »Du kannst dir nicht vorstellen, und es ist unmöglich sich vorzustellen, was für wunderbare Wege wir in unserem Obstgarten haben«, schrieb sie an eine Freundin.

Dank der Arbeitsteilung der drei Frauen konnte sich Jane mit Energie und Hingabe ihren Romanen widmen. In Chawton vervollständigte und überarbeitete sie *Verstand und Gefühl* sowie *Stolz und Vorurteil*. Beide Manuskripte hatte sie schon Jahre vorher in erster Linie für das Vergnügen ihrer Familie geschrieben. 1811 dann fand Jane einen Verleger, und *Verstand und Gefühl* erschien noch im selben Jahr, 1813 wurde *Stolz und Vorurteil* publiziert. Von diesen Erfolgen beflügelt machte sich Jane nun mit großer Energie und noch stärkerer Inbrunst an die weitere Arbeit. Bereits 1814 kam *Mansfield Park* auf den Markt, 1816 *Emma*, im selben Jahr vollendete sie ihren Roman *Überredungskunst* und begann mit der Arbeit an *Sanditon*. »By a Lady« stand auf ihren Büchern, und erst kurz vor ihrem Tod genoß sie ihren literarischen Erfolg.

Seit längerem war es mit ihrer Gesundheit bergab gegangen, Jane litt an Tuberkulose und der daraus resultierenden Addisonschen Krankheit, eine seltene, auf mangelnde Hormonbildung der Nebennierenrinde zurückgehende Erkrankung; Abmagerung, Muskelschwäche und Blutarmut waren die Folge. Während heute pharmazeutische Präparate diese Erkrankung in Grenzen halten, war sie in den Tagen von Jane Austen tödlich. Anfang 1816 war sie nicht mehr in der Lage, kürzere Spaziergänge zu unternehmen. Um dennoch an die frische Luft zu kommen, nutzte sie einen kleinen Eselskarren für ihre täglichen Ausflüge; das Gefährt ist heute im einstigen Backhaus von Chawton ausgestellt. Im Mai 1817 verschlechterte sich ihr Zustand derart, daß Cassandra in der College Street Nr. 8 in Winchester (das Haus steht noch immer) Zimmer anmietete, damit sich die geliebte Schwester ständig in der Nähe ihres Hausarztes, Dr. Lyford, befand. Doch auch das nützte nichts mehr, Jane starb in Winchester am 18. Juli 1817 nur zweiundvierzigjährig in den Armen ihrer Schwester Cassandra. In Winchester Cathedral fand sie ihre letzte Ruhestätte. Im Eßzimmer von Chawton House ist ihr letzter Wille ausgestellt, hier erfährt der Leser, daß Jane ihrer Schwester Cassandra die Summe von 561 Pfund und zwei Shilling hinterlassen hatte. Posthum erschien ihr Band *Die Abtei von Northanger*.

Nach dem so frühen Tod von Jane blieben die alte Mrs. Austen und Cassandra weiter in Chawton House. 1827 starb die Mutter, und Cassandra lebte bis zur ihrem Tod 1845 alleine in dem großen Haus. Sie fand auf dem Friedhof von Chawton neben der Mutter ihre letzte Ruhestätte.

Chawton House wurde in drei Sektionen eingeteilt und diente fortan als Unterkunft für Farmarbeiter. Genau 100 Jahre später kaufte T. Edward Carpenter das heruntergekommene Anwesen, renovierte es, trug Mobiliar aus Janes Besitz zusammen, gründete den Jane Austen Memorial Trust und eröffnete 1949 das Haus als Museum.

Der Sekretär im Wohnzimmer mit der aufgesetzten verglasten Buchvitrine gehörte einmal Janes Vater, dem Reverend George Austen. Die Bücher in den Regalen sind Erstausgaben ihrer Romane. Das Pianoforte datiert um das Jahr 1810 und ist sehr wahrscheinlich baugleich mit dem Instrument, auf dem Jane jeden Morgen spielte. Auf dem Notenständer steht eines ihrer Musikhefte. Jane schrieb einmal an Cassandra: »Ja, ja, wir werden ein Pianoforte haben, ein so gutes, wie man es für 30 Guineas bekommt, und dann werden wir zu Tänzen musizieren, um unsere Neffen und Nichten zu unterhalten, wenn wir die Freude ihrer Gesellschaft haben.« Zwei ovale Bilder im Wohnzimmer zeigen Lady Knatchbull (Janes Lieblingsnichte Fanny) und Francis' Kinder Mary Jane und George. In einer Ausstellungsvitrine

Das Wohnzimmer in Chawton House

befinden sich einige Briefe, Janes Türkisarmband und ihre zwei Halsketten sowie die beiden Topas-Kreuze, die der jüngste Bruder Charles seinen Schwestern vom Prisengeld während der Napoleonischen Kriege schenkte.

Der Tisch im Eßzimmer ist dem Möbel, an dem die Damen ihre Mahlzeiten einnahmen, originalgetreu nachgebildet, und über das darauf plazierte Wedgwood-Porzellan schrieb Jane an ihre Schwester: »Wir gingen zu Wedgwood's, und mein Bruder [Edward] und Fanny [Jane Austens Nichte] wählten das Geschirr aus. Ich glaube, das Muster ist eine schmale Raute in Purpur zwischen engen Goldlinien.« An der Wand neben der Tür hängen Janes Testament sowie mehrere Originalbriefe vom Vater, der Mutter und der Schwester. Über dem Kamin findet sich eine Anzahl von kleinen Porträts und Scherenschnitten, die Jane und ihre Eltern, ihre Brüder, die Schwester sowie Onkel und Tante Leigh Perrot zeigen. Das große Ölgemälde im Eßzimmer entstand 1789; darauf sehen wir Janes dritten Bruder Edward. In der Vitrine befinden sich Exponate, die während der Renovierungsarbeiten im Haus und im Garten gefunden wurden.

Im ersten Stock liegt das Schlafzimmer von Jane und Cassandra. Der Kamin hier ist seit den Tagen der beiden Schwestern unverändert. In dem Rohrstuhl links vom Feuerplatz sah die kleine Nichte Caroline die Tante zum letztenmal, »eingepackt in einen Morgenmantel und im Lehnstuhl neben dem Kamin«. Der Polstersessel auf der anderen Seite datiert aus dem späten 17. Jahrhundert. Der mit Intarsien verzierte quadratische Tisch ist eine italienische Arbeit und soll Jane Austen gehört haben. Gegenüber vom Fenster befindet sich in einem Bilderrahmen eine Kopie von Sir Walter Scotts Tagebucheintrag, datiert vom 14. März 1826; wir erfahren, wie sehr er die Lektüre von Jane Austens Romanen schätzte. Im selben Rahmen hängt ein Zitat von Winston

Churchill, der uns darin mitteilt, wie er sich nach der Arbeit an seinem Buch *Der Zweite Weltkrieg* bei der Lektüre von Jane Austens Büchern erholte.

Anreise: Von der südenglischen Stadt Winchester über die A 31 in nordöstlicher Richtung auf das kleine Landstädtchen Alton zu; von dort ist der etwa 2 km entfernte Weiler Chawton ausgeschildert.
Öffnungszeiten: April bis Oktober täglich; November, Dezember, März Mi.-So.; Januar, Februar nur an Wochenenden.

»Ein Cézanne in der Hecke« – Bloomsbury in Charleston

Die Gegend rund um das Britische Museum in London ist so etwas wie ein intellektuelles Viertel. Viele Verlagsbuchhandlungen haben hier ihren Sitz, Buchantiquariate sind in diesem Stadtteil beheimatet, Museumskustoden und Archäologen, Restauratoren, Professoren und Studenten eilen bücherbepackt über die Straßen des Viertels, und die Colleges von London University reihen sich die Malet Street entlang. Bloomsbury heißt dieses Quartier der Metropole, das viele gepflegte georgianische Fassaden und eine Reihe von begrünten Plätzen zieren. In dieses Viertel zogen kurz nach der Jahrhundertwende Künstler und Intellektuelle, die unter dem Namen Bloomsbury Group bekannt wurden. Zum inneren Kreis dieses Zirkels gehörten der Schriftsteller, Kritiker und Verleger Leonard Woolf, seine Frau Virginia Woolf, deren Schwester, die Malerin Vanessa Bell und ihr Mann, der Kunstkritiker Clive Bell. Weiterhin der Maler und Kunsthistoriker Roger Fry, der Biograph Lytton Strachey, die Malerin Dora Carrington, der Wirtschaftswissenschaftler John Maynard Keynes, der Maler Duncan Grant und der Schriftsteller David Garnett. Und der Ort, der alle außerhalb der Stadtwohnungen in London/Bloomsbury miteinander verband, das war ein kleines unscheinbares Farmhaus in der südenglischen Countryside, weit abseits jeglicher Ansiedlung.

Im Herbst des Jahres 1916 zog Virginia Woolfs drei Jahre ältere Schwester, Vanessa Bell, mit ihren kleinen Söhnen Julian und Quentin, ihrem Gefährten Duncan Grant und dessen Freund David Garnett in das spartanische Charleston Farmhouse ein. Beide Männer waren als Pazifisten zur Erntearbeit verpflichtet worden. Quentin schrieb später: »Zwei Kriegsdienstverweigerer, die beide aufgrund des neuen Gesetzes hätten strafrechtlich verfolgt werden können, eine Frau mit zwei ungezogenen Kindern und ohne erkennbaren Ehemann, sowie eine Hausangestellte und ein Hund entstiegen im Oktober 1916 am Tor von Charleston Mr. Suttons altem Taxi.«

Es war Virginia Woolf, die das Haus entdeckt hatte. »Ich wünschte, du würdest Charleston nehmen«, schrieb sie im Mai 1916. »Leonard war drüben und meint, daß es ein entzückendes Haus ist, das er dir wärmstens empfiehlt. Auch der dazugehörige Garten ist reizvoll mit einem kleinen Teich, Obstbäumen und Gemüsebeeten, und obgleich im Augenblick alles ziemlich verwildert wirkt, ließe sich etwas daraus machen. Das Haus ist sehr hübsch, mit weiträumigen Zimmern und einem Raum mit großen Fenstern, der wie geschaffen ist als Atelier. Neben einer Toilette gibt es ein Bad, allerdings nur mit kaltem Wasser. Das Haus müßte gerichtet werden und die Tapeten sind scheußlich. Aber insgesamt scheint es ein bezaubernder Ort zu sein – und vier Meilen von uns entfernt, so daß wir kaum ständig bei dir auftauchen würden.«

In dem neuen Domizil gab es kein fließendes Wasser, keine Heizung, kein elektrisches Licht, und die sanitären Anlagen waren äußerst primitiv. »Das Leben in Charleston war recht dürftig«, stellte Virginia fest, »nichts als Wind und Regen und keine Kohlen im Keller.« Nach Einbruch der Dunkelheit sorgten Paraffinlampen für Helligkeit und sengten schon mal einen Deckenbalken an – so heute noch zu sehen im Eßzimmer. Zu Bett gingen die Bewohner dann bei flackerndem Kerzenschein. Quentin und Julian wurden einmal in der Woche in einer Zinkwanne gebadet, die man zu diesem Zweck vor den Kamin im Eßzimmer stellte.

Hören wir Angelica, Vanessas Tochter, die 1918 in Charleston das Licht der Welt erblickte, wie sie uns das Haus und

Charleston Farmhouse

die Umgebung nahebringt: »Charleston, wo ich geboren wurde, war ein großes, solides Bauernhaus, wie sie in Sussex üblich sind. Es stand für sich, unterhalb des Firle Beacon, der höchsten Erhebung in der hügeligen Landschaft, die sich zwischen zwei Flüssen ausbreitete. Am Fuß des Beacon war ein Kornfeld, und zwischen diesem Feld und dem Haus lagen die Wirtschaftsgebäude, beherrscht von einer prächtigen, aus Feldsteinen errichteten Scheune und dem Getreidespeicher.«

Vanessa, Duncan und David begannen sich einzurichten, renovierten und modernisierten in bescheidenem Maße. An Besuchern mangelte es nicht: Vanessas Mann, Clive Bell, kam mit seiner Freundin Mary Hutchinson, Roger Fry (dessen Biographie Virgina Woolf schreiben sollte) schritt mit der Regelmäßigkeit eines Uhrwerks durch die Haustür, John Maynard Keynes war nicht nur ein regelmäßiger Gast, sondern wohnte zeitweise in Charleston. In seinem Zimmer im ersten Stock schrieb er 1919 weite Teile seines wirtschaftspolitischen Buches *The Economic Consequences of the Peace*, eine Anklageschrift gegen den Friedensvertrag von Versailles. »Hier kommt mein Frühstück um acht Uhr, und mein Buch beschäftigt mich bis zum Mittagessen; vorher sieht man mich nicht in den öffentlichen Räumen. Nach dem Lunch dann lese ich die Times, und nach der Times gärtnere ich bis zum Tee. Nach dem Tee kommt meine Korrespondenz dran. Alles sehr in geordneten Bahnen.«

Allmorgendlich trafen sich die Bewohner des Hauses zwanglos zum Frühstück, jeder kam, wenn er ausgeschlafen hatte, Duncan immer als letzter. Das morgendliche Beisammensein im Eßzimmer dauerte so lange, bis der Postbote gekommen war, der auch die *Times* brachte. Jedermann griff sich seine Briefe, Clive dazu noch die Zeitung; dann verschwanden die Maler in ihren Ateliers, und die Schriftsteller setzten sich an ihre Tische. Der Postbote aber ging zu Grace Higgins in die Küche, wo er eine Tasse Tee trank und Grace den neusten Klatsch der Gegend mitteilte. Grace sorgte mehr als fünfzig Jahre für die Bewohner des Hauses und hielt Charleston in Schuß. 1934 malte Vanessa den guten Geist von Charleston bei der Arbeit in der Küche. Das Bild befindet sich noch immer vor Ort. 1970 ging Grace in den Ruhestand, und Quentin brachte nach ihrem Tod in Charleston eine Tafel an: »Grace Higgins, geborene Germany, 1904-1983, wirkte hier mehr als fünfzig Jahre lang. Sie war allen Charlestonianern eine gute Freundin.«

Virginia und Leonard Woolf kamen regelmäßig vom nahe gelegenen Monk's House herüber, brachten ihre Gäste oder die Autoren ihres Verlags Hogarth Press mit, so etwa T. S. Eliot, der bald regelmäßig gesehen wurde. E. M. Forster ging in Charleston aus und ein und wurde sowohl von Vanessa als auch von Duncan gemalt; Lytton Strachey las aus einem gerade in Arbeit befindlichen Manuskript vor; Aldous Huxley legte bei schönem Wetter im Garten »seine langen Grashüpferbeine im Liegestuhl übereinander«; der Philosoph Bertrand Russell, der Schriftsteller George Bernard Shaw und der Komponist Benjamin Britten waren in späteren Jahren gerngesehene Gäste. Kontakte nach Charleston pflegte auch die Autorin Vita Sackville-West, die im nahe gelegenen Sissinghurst Castle nicht nur schrieb, sondern auch den Garten anlegte, der heute zu den bekanntesten und meistbesuchten Südenglands zählt.

Kurz nach dem Einzug, im Winter 1916, kam Vanessas Mann Clive mit seiner Freundin zum erstenmal nach Charleston, um das neue Domizil näher in Augenschein zu nehmen. Zurück in London, schrieb er an Vanessa: »Was für einen Spaß hatten wir in Charleston und wie charmant ihr alle wart! Wir haben jede Minute genossen, einschließlich unseres netten Spazierganges durch den frostgebundenen

Park. Es gibt nur eines, was ich in Charleston nicht mag: Mußt du soviel Hausarbeit machen? Weil die verdammte Regierung aus Duncan und Bunny Sklaven gemacht hat, muß sie aus Dir nicht auch noch einen machen. Und warum malst Du nicht öfter?«

Im Hochsommer eilten alle Bloomsburies gerne aus dem stickigen London in die luftige Countryside. Und so wurde Quentins Geburtstag am 19. August ein willkommener Anlaß, nach Charleston zu reisen und den Tag mit einer großen Party zu begehen. Bei einer solchen Gelegenheit brachten die Woolfs auch T. S. Eliot mit, der ins Staunen kam, was hier aufgetischt wurde. Denn Vanessa, in Küchendingen völlig unerfahren, hatte für elf Gäste elf Moorschneehühner bestellt, und Grace servierte die riesigen Geflügelbraten auf unzähligen Platten. Nach dem Essen tanzte Duncan, schon mit etlichen Gläsern Starkbier intus, unter begeistertem Beifall im Studio als Spanierin verkleidet einen Flamenco, und John Maynard Keynes, der ebenfalls schon munter dem Bier zugesprochen hatte, fühlte sich bemüßigt, ein Lied zu schmettern. Dann zündete Keynes sehr zur Freude des jugendlichen Quentin Feuerwerksraketen, um den Geburtstag und das opulente Essen gebührend in Szene zu setzen.

An Quentins 15. Geburtstag ging es ebenfalls hoch her – diesmal war es Virginia Woolf, die sprühend vor Munterkeit die bierselige Runde mit witzigen Geschichten unterhielt. »Man lachte und applaudierte, bis sie sich plötzlich eines anderen zu besinnen schien, aufstand und tat, als ob sie gehen wollte. Vanessa und Leonard, die beiden Menschen, die sie am besten kannten, waren im Nu auf den Beinen und konnten sie an der Tür gerade noch auffangen, bevor sie umfiel. Sie war grün wie ein Entenei. Es sollte sechs Monate dauern, bis sie sich von dem Zusammenbruch, zu dem Überlastung und der Druck sozialer Verpflichtungen geführt hatten, wieder erholte. Die Ausgelassenheit jener

Teich im Garten von Charleston

Geburtstagsparty war mehr, als ihre geschwächte Konstitution ertragen konnte.«

Im Zentrum dieses illustren Kreises stand eindeutig Vanessa, sie war die ungekrönte Königin von Charleston, und jeder der Besucher akzeptierte diesen Status. »(Va)Nessa präsidiert über eine höchst erstaunliche Menage«, schrieb ihre Schwester Virginia, »belgische Hasen, Gouvernanten, Kinder, Gärtner, Hühner, Gänse, und dabei malt sie die ganze Zeit, bis jeder Zentimeter des Hauses eine andere Farbe hat.« Vanessa war eine resolute Frau und wußte sich durchzusetzen. Maynard Keynes berichtet, daß einmal, als Clive bei einem Essen die Anwesenden provozierte, Vanessa »beim Servieren von Marmeladengebäck ein Törtchen gleich einem Kricketball packte und Clive mit solcher Wucht entgegenschleuderte, daß es wie eine Muschel auf dem Solarplexus des Gatten zerschellte«. Und Virginia notierte 1935 in ihrem Tagebuch über die Schwester, daß sie »ein furchterregender Monolith und Imperator« sei, »eine auf ihre Art fürchterliche Frau«.

1937 kam Julian Bell im Spanischen Bürgerkrieg ums Leben. Eine Granate hatte seinen Sanitätswagen getroffen. Vanessa hat sich von dem Verlust ihres ältesten Sohnes nie wieder richtig erholt. »Ich werde heiter, aber niemals mehr glücklich sein«, schrieb sie an Vita Sackville-West. In der Bibliothek von Charleston findet der Besucher das Bild, das Duncan Grant 1942 – ein Jahr nach dem Tod von Virginia und fünf Jahre nach dem Verlust von Julian – im Stil Gainsboroughs von Vanessa gemalt hat. Es zeigt eine würdevolle ältere, von Kummer gezeichnete Dame, der man deutlich ansieht, daß sie einmal sehr schön gewesen ist. Vanessa war zu diesem Zeitpunkt 63 Jahre alt. Auch ihr Selbstbildnis aus jener Zeit, das im Gartenraum hängt, strahlt tiefe Melancholie aus.

Was Charleston Farmhouse allerdings über die Atmosphäre vergangener Tage hinaus hat bekannt werden lassen und was den Charme und die ungeheure Faszination dieses kleinen Bauernhofes ausmachen, das sind die überall sichtbaren Arbeiten der beiden Künstler.

Vanessa und Duncan bemalten jede freie Fläche in Charleston: die Türen, die Türzargen, die Fensterlaibungen, Tischflächen, Bücherschränke, Truhen, Stühle, Sessellehnen – kein Holzpaneel, das nicht farbig verziert wäre. Kaminverkleidungen, Küchenschränke, Kopf- und Fußende eines Bettes, alles trägt Muster und Figuren, nicht einmal dünne Tischbeine vermochten der Kreativität der beiden Einhalt zu gebieten. Selbst der kleine Kohlenkasten, der neben dem Kamin im Garden Room steht, ist bemalt – da zupft ein sitzender Engel an den Saiten einer Mandoline –, 1917 hat Duncan hier den Pinsel angesetzt. In jedem Zimmer springen den Besucher Farben und Ornamente an, wohin er auch blickt, bunte Motive in überbordender Fülle.

Waren ein Raum und seine Einrichtung vollständig bemalt, so hieß das nun keineswegs, daß alles so bleiben mußte. Wenn sich Vanessa, Duncan, die Kinder oder Besucher an den Figuren und Mustern satt gesehen hatten, wurden flugs die Farben gemischt, und die beiden Künstler machten sich an eine neue Ausgestaltung. Dabei pinselten sie munter über den alten Untergrund hinweg. Hätte man die beiden gefragt, ob sie dabei wären, Kunst zu produzieren, so hätte sich der vorlaute Frager wohl eine farbige Nase geholt – hier war Lebensfreude die Antriebsfeder. Doch entstanden aus diesen quicklebendigen, zumeist spontanen kreativen Ausbrüchen die Ideen zu Stoffmustern für Stuhlbezüge und Vorhänge, einige davon sollte Laura Ashley rund fünfzig Jahre später in Massenfertigung produzieren. Duncan, der 1978 im Alter von dreiundneunzig Jahren starb, erlebte es noch, wie seine und Vanessas Entwürfe und Werke wieder en vogue waren.

In einem Brief an ihren Sohn Julian notierte Vanessa im April 1934: »Du wirst nicht überrascht sein zu hören, daß ich diese Woche damit begonnen habe, ein wenig Hausbemalung vorzunehmen. Ich fand das Eßzimmer wirklich zu schäbig, und so bemalte ich die Wände in einem delikaten bleichen Grün. Dann fand ich die Holzflächen aber als zu dunkel und habe diese auch gestrichen. Nun beschlossen Angelica und ich, daß es Spaß machen müßte, das Gästezimmer in Angriff zu nehmen. Wir haben große Pläne, uns dort völlig gehenzulassen, unter der Überlegung, daß kein Gast lange genug bleiben wird, bis es ihm auf die Nerven geht.«

Die stetigen Wand- und Flächenbemalungen in den Räumen von Charleston kommentierte Quentin für die Bewohner und Freunde des Hauses im sogenannten *Charleston Bulletin* mit ironischen Seitenhieben: »Letztes Jahr Weihnachten ist es tatsächlich wieder geschehen, daß diese unverantwortlichen Revoluzzer, diese Künstler, versucht haben, Charleston zu verschönern. Betritt man das Haus, so haut einen der strenge Farbgeruch der neu gestrichenen Heizkörper fast aus den Schuhen. Kommt man ins Bad, so bleibt man kleben und produziert überall weiße Flecken, weil das China-Weiß, mit dem der Boden gestrichen wurde, absolut nicht trocknet. Über die Nachahmung eines altenglischen Herdes im Eßzimmer und über das pittoresk situierte neue WC will ich mich hier gar nicht weiter auslassen. Vielleicht werden wir uns ja im Laufe der Zeit an all diese Neuheiten gewöhnen. Es wäre allerdings zu wünschen, daß die Künstler ihre Tätigkeiten künftig auf Leinwände beschränken und sich von artfremden Materialien fernhalten.«

Natürlich hängt das ganze Haus auch voller Bilder, gemalt von Vanessa und Duncan, aber auch die Werke anderer Künstler waren in reichem Maße vertreten. Zu Lebzeiten von Vanessa und Duncan zierten ein Stilleben von Picasso und ein kleines Gemälde von Juan Gris die Wände, beide hatte Clive Bell in Paris gekauft. Auch ein Bild von Jean Marchand konnte Clive während der zweiten nachimpressionistischen Ausstellung in London erstehen und hängte es in Charleston auf. Nach dem Tod von Roger Fry kam ein kleines Bild von Henri Matisse hinzu, das Fry in seinem Testament Vanessa vermacht hatte. Und über viele Jahre hing ein nicht identifizierter Poussin an der Wand, den Duncan Grant einmal in Paris gekauft hatte.

Nach dem Ersten Weltkrieg kam John Maynard Keynes von den Pariser Friedensverhandlungen zurück und hatte dort nebenbei ein Stilleben von Cézanne erworben. Austen Chamberlain, der spätere britische Außenminister, brachte ihn mit dem Auto in die Nähe von Charleston und setzte ihn an der Hauptstraße ab, da der Weg zum Farmhaus ungepflastert und voller Schlaglöcher war. Maynard ächzte unter seinem schweren Gepäck den Pfad entlang und steckte den sperrigen Cézanne kurz entschlossen in eine Hecke. Als er in Charleston ankam, fand er die Bewohner beim Abendessen und wurde mit großem Hallo empfangen. Der Cézanne geriet dabei völlig in Vergessenheit. Erst am nächsten Tag erinnerte sich Maynard an das Bild, und Duncan Grant und David Garnett stürmten ins Freie, um die Kostbarkeit zu retten.

Der schönste Raum der vielen spannenden Zimmer von Charleston ist zweifellos Duncan Grants Atelier. Vor lauter Malereien und Bildern weiß der Besucher zu Anfang gar nicht, wohin er zuerst schauen soll. Die Einfassung rechts und links vom Kamin bemalte Duncan mit zwei stämmigen, halbnackten Männern, die mit ihren kräftigen Armen wie griechische Atlanten die waagerechte Kaminplatte stemmen. Auf dieser Kaminplatte finden sich eine Reihe von Fotos sowie, flankiert von zwei Gemälden, eine Kopie des Bodhisattwa Kuan-Yin; die Originalfigur datiert aus dem 6. Jahrhundert und gehörte einmal Roger Fry. Bevor er sie

Duncan Grant, Maynard Keynes und Clive Bell in Charleston, 1919

einem Museum verkaufte, machte er zwei Abdrücke davon. Das größte Möbelstück ist eine verglaste holländische Vitrine aus Walnußholz, die einmal dem Romancier William Makepeace Thackeray gehörte; Sir Lesley Stephen, der Vater von Vanessa Bell und Virginia Woolf, war in erster Ehe mit der jüngsten Tochter von Thackeray verheiratet gewesen, und so fand dieses Möbel über drei Generationen seinen Weg nach Charleston. In der Vitrine befinden sich Glas-, Keramik- und Porzellangefäße, die sich auf vielen Stilleben von Vanessa und Duncan wiederfinden. Der Sessel links vom Kamin datiert aus dem Jahr 1888, den kleinen Tisch daneben bemalte Vanessa um 1950. Den zweiten Sessel schenkte Virginia ihrer Schwester 1937. Rechts vom Kamin finden sich je ein grauer und roter Tisch, deren Oberflächen Vanessa 1920 und 1950 dekoriert hat.

Zu den vielen Gemälden an den Wänden gehören unter anderen ein spanisches Stilleben von einem unbekannten Künstler, das Duncan 1938 in Spanien gekauft hat, ein Porträt von Adrian Stephen (Vanessas und Virginias Bruder) und ein Bildnis von Ethel Grant (der Mutter von Duncan), beide gemalt 1910 und 1918 von Duncan. Von Duncan stammt auch *Vanessa Bell painting in La Souco*, das während der Ferien in Frankreich 1960 entstand. Das Bild mit dem Namen *The Pond*, 1916 von Vanessa gemalt, ist sehr wahrscheinlich ihr erstes Gemälde von Charleston.

Hinter dem Haus gibt es – wie es sich für ein Cottage in der englischen Countryside gehört – einen Garten, den Vanessa und Duncan jahrzehntelang pflegten und der von Frühjahr bis Herbst mit seiner Farbenpracht Bewohner wie Besucher gleichermaßen erfreute. Viele Skulpturen stehen hier mitten im Grün, Abgüsse verschiedener Kunstschulen. Duncan und Vanessa sammelten diese Plastiken – Clive beschwerte sich einmal darüber, »daß man sich bei einem Spaziergang durch den Garten wie umringt von vertrauten

Zitaten« fühle. Am Ende des Teiches lauert eine lebensgroße weibliche, leicht geneigte Figur, die von Quentin 1954 geschaffen wurde. »Sie hat keinen Namen«, schrieb er einmal, »wurde aber irrtümlicherweise mindestens einmal für einen Geist gehalten.« Nach dem Einzug schrieb Vanessa an Roger Fry: »Ein reizvolles Bild bietet der Teich mit einer Weide auf der einen Seite und einer Stein- oder Flintmauer als Begrenzung zum Garten hin. Das kleine, mit in Form geschnittenen Büschen bepflanzte Rasenstück fällt leicht in Richtung Wasser ab.« Im Sommer saßen Bewohner wie Gäste im Garten, diskutierten, lasen sich aus ihren Manuskripten vor, und auf dem Rasen lagen die Bücher verstreut, die sie gerade für die Zeitschrift *New Statesman* rezensierten. Die Maler hatten ihre Staffelei draußen aufgebaut und führten den Pinsel über die Leinwand, während die anderen schrieben oder lasen.

So ungewöhnlich wie das Haus waren auch die persönlichen Beziehungen seiner Bewohner und Besucher. Die dichten emotionalen Verstrickungen und die ungewöhnlichen Liebschaften all dieser Personen untereinander in Verbindung mit ihrer ausufernden und ungewöhnlichen Kreativität verlangen dem Besucher Staunen ab.

Vanessa war mit Clive Bell verheiratet und hatte zwei Söhne mit ihm, eine kurze Liebschaft verband sie mit dem Maler Roger Fry, die meiste Zeit ihres Lebens aber verbrachte sie mit dem homosexuellen Duncan Grant, dem Vater ihrer Tochter Angelica.

Duncan hatte unter vielen anderen eine homosexuelle Beziehung zu David Garnett, den Angelica Jahre später heiraten sollte – Duncans einstiger Geliebter avancierte so zu seinem Schwiegersohn. Clive liebte wenigstens in den ersten Ehejahren Vanessa, flirtete aber auch gleichzeitig heftig mit ihrer Schwester Virginia, dann war eine gewisse Mary Hutchinson für viele Jahre die wichtigste Frau in seinem Leben.

Virginia liebte ihren Mann Leonard, allerdings nicht körperlich; sie hatte auch ein Verhältnis mit Vita Sackville-West und modellierte nach dieser Frau die Hauptfigur in ihrem Roman *Orlando*.

Auch John Maynard Keynes und Lytton Strachey waren homosexuell, »und jeder wußte, daß Lytton und Maynard Knaben bumsten« (wie Quentin Bell in seinen *Erinnerungen an Bloomsbury* schreibt).

Ebenfalls nicht alltäglich ist es, daß dieses dichte Beziehungsgeflecht außergewöhnlich gut dokumentiert ist – und zwar nicht von Außenstehenden, sondern von Familienangehörigen und Freunden. So schrieb Quentin Bell die Biographie seiner Tante Virginia Woolf, die als eine der ganz großen Lebensbeschreibungen in die englische Literaturgeschichte eingegangen ist, und hat uns eine Reihe weiterer Bücher zur Bloomsbury Group hinterlassen. Leonard Woolf gibt uns in seiner fünfbändigen Autobiographie viele Einblicke in das verwobene Gefüge der Bloomsbury Group-Akteure, Angelica Garnett schrieb über ihre Mutter Vanessa und ihren Vater Duncan Grant und bringt uns den Alltag in Charleston und Monk's House nahe.

Fasziniert und aufmerksam durchstreift der Besucher die Räume von Charleston, schaut Bilder und buntbemalte, einfache Möbel an und bemerkt bald, daß er hier in ein einzigartiges Gesamtkunstwerk geraten ist, in dem die Aura seiner einstigen kreativen und liebenden Bewohner noch spürbar ist.

Anreise: Charleston Farmhouse befindet sich 90 km südlich von London, ca. 25 km nordöstlich vom südenglischen Seebad Brighton, nahe dem Weiler West Firle, südöstlich der kleinen Verwaltungsstadt Lewes, abseits der breiten A 27, die vom Seebad Eastbourne über Lewes nach Brighton verläuft; von dieser Landstraße ist Charleston ausgeschildert.

Öffnungszeiten: April bis Oktober, Mi.-So. 14-18 Uhr; im Juli und August 11.30-18 Uhr. Der Bloomsbury Workshop, der Werke der Bloomsbury-Künstler verkauft, befindet sich in 12 Galen Place, London WC 1.

»Der Traum der taubengrauen Schwestern« – Die Brontës im Pfarrhaus

In einem Seitenflügel der National Gallery am Trafalgar Square in London befinden sich die Gemälde, Zeichnungen, Fotos und Skulpturen der National Portrait Gallery, die allesamt berühmte oder weniger berühmte Engländer zeigen. Hier kann der Besucher die Konterfeis von Politikern, Herrschern, Wissenschaftlern, Künstlern, Schriftstellern, Forschungsreisenden und Lebemännern studieren. Auch die Porträts der in diesem Bändchen genannten Dichter sind allesamt vertreten. Und dann steht der interessierte Besucher vor einem der berühmtesten Gemälde dieses Museums, vor Branwell Brontës Bild seiner drei Schwestern Anne, Emily und Charlotte (von links nach rechts); deutlich ist erkennbar, daß sich im Zentrum des Gemäldes, zwischen Emily und Charlotte, einst ein weiteres Porträt befunden hat, nämlich das von Branwell selbst, der sich später dann aber auslöschte und übermalte. Die Leinwand war mehrfach gefaltet, als man sie fand, und wie ein großes Kreuz überziehen die Knicke die drei Figuren. In der Mitte, dort, wo sich die Knickfalten treffen, hat die Leinwand ein kleines Loch.

Die drei Schwestern und ihr Bruder Branwell verbrachten mit kurzen Ausnahmen ihr gesamtes Leben im Pfarrhaus des Dörfchens Haworth der Grafschaft Yorkshire in Nordengland. Der kleine Ort liegt westlich der fast zusammengewachsenen Städte Leeds und Bradford und etwas südlich von Keighley inmitten einer weiten Moorlandschaft. Wer die steile, von kleinen Häuschen gesäumte Hauptstraße hochspaziert, deren beiderseitige Bürgersteige große Treppenstufen bilden, der kann sich mit ein wenig Phantasie gut vorstellen, wie es war, als im Februar 1820 die sieben Pferdekarren mit der Habe des Pfarrers Patrick Brontë und seiner Frau Maria im Dörfchen einfuhren. Wahrscheinlich hatten die Zossen Mühe, die schwerbeladenen Wagen die Steigung hochzubringen. Fast am höchsten Punkt passierten sie den Pub The Black Bull, kurz darauf das Post Office, schwenkten an der Kneipe Kings Arms Inn links in die Church Lane, fuhren vorbei an der Kirche und standen schließlich vor dem Ziel der Reise – dem Pfarrhaus von Haworth. Das graue, einstöckige Gebäude war 1778 erbaut worden, besitzt die üblichen Kamine an jeder Giebelseite, große Fenster – mit Blick auf den Friedhof – und, um dem Sturm standzuhalten, ein mit schweren Schieferplatten gedecktes Dach. Der Reverend war mit 43 Jahren fünf Jahre älter als seine Frau Maria, und Haworth war seine zweite eigene Pfarrei.

Das Jahreseinkommen der Familie belief sich auf beachtliche 202 Pfund, hinzu kam eine Rente von jährlich 50 Pfund, die Maria aus dem Nachlaß ihrer Eltern bekam. Da konnte man, ohne sich Sorgen machen zu müssen, eine Familie gründen. Im Dezember 1812 hatten die beiden geheiratet, im April 1814 wurde Maria geboren, im Februar des folgenden Jahres Elizabeth. Im April 1816 bereicherte Charlotte die Familie. Im Juni 1817 wurde nach drei Mädchen ein Junge, Branwell, geboren. Im Juli des Jahres 1818 kam Emily zur Welt und im Januar 1820, nur einen Monat vor dem Umzug nach Haworth, das Nesthäkchen Anne.

Die finanziellen Verhältnisse der achtköpfigen Familie waren also nicht besonders üppig, aber gut, und dies vor allem in einer Zeit, in der die schwarzen Wolken der industriellen Revolution am Horizont sichtbar wurden. In den Bergwerken schufteten Zehnjährige mehr als 60 Stunden die Woche unter Tage, Fabriken schossen aus dem

Boden; mechanische Spinnmaschinen und Webstühle, die durch Wasserkraft angetrieben wurden, waren bereits erfunden.

Über das nur wenige Kilometer von Haworth entfernte Bradford schrieb der deutsche Schriftsteller Georg Weerth wenige Jahre nach dem Zuzug der Brontës: »Je weiter wir kommen, desto dichter scharen sich die Häuser an den Seiten der Straße, desto schwärzer und unheimlicher dringt uns der Dampf der Kamine entgegen. Bisweilen unterscheiden wir schon größere Häusermassen von den zersplitterten und versengten Tannenwipfeln, welche am Horizont wehen. Ringsum scheinen alle Täler und Schluchten in vollen Flammen zu stehen; wir hören es zischen und kochen und rasseln, wenn wir an den Fenstern der Fabriken vorüberrauschen; die Sonne verfinstert sich wie beim Hereinbrechen eines dichten Höhrauchs; es wird plötzlich Abend am hellen Tag.«

Haworth hatte zu Zeiten des Reverend ungefähr 3500 Einwohner und lag inmitten des englischen »Ruhrgebietes«. Es gab keine vernünftige Wasserversorgung und schon gar keine Kanalisation. Auf viereinhalb Häuser kam statistisch eine Toilette, das heißt, daß sich so einen primitiven Donnerbalken an die 50 Leute teilten. Was für ein Infektionsherd! Am oberen Endpunkt der Hauptstraße befand sich damals der dörfliche Marktplatz, geziert von einer öffentlichen Bedürfnisanstalt für die Bewohner derjenigen Häuser, die kein eigenes Plumpsklo mit Sickergrube besaßen. Das Fäkalienloch reichte kaum bis unter die Straßenoberfläche, von dort floß die Kloake in einem Kanal den Hügel hinunter. »Zwei Yards von dieser Jauchegrube entfernt befindet sich der Brunnen für die umliegenden Häuser«, notierte der Gesundheitsinspektor Babbage 1850 und zeigte sich dann doch ob dieses miserablen hygienischen Standards besorgt. Besorgter noch hätte er sein müssen, wenn er

Das Pfarrhaus von Haworth mit Friedhof

die Quelle unterhalb des Friedhofes – um 1840 befanden sich hier rund 1350 Gräber – inspiziert hätte. »Sie tranken ihre eigenen Verwandten«, lautet der lakonische Kommentar des Fremdenführers von Haworth.

1821 wurde die aufgrund ihrer permanenten Schwangerschaften über die Jahre langsam immer schwächer gewordene Mutter plötzlich »gefährlich krank« und starb. Ihre sieben Jahre ältere Schwester Elizabeth übernahm den Haushalt.

Das monatliche Gehalt von 200 Pfund und das mietfreie Wohnrecht im Pfarrhaus waren auf die Lebenszeit des Reverend begrenzt, ein Erbe gab es nicht an die Kinder zu verteilen, und so mußte Patrick zusehen, daß seine Schar sich nach seinem Tod über Wasser halten konnte. Die Mädchen konnten Gouvernanten werden, Branwell vielleicht als Hauslehrer eine Stellung finden. Doch dazu mußte die Ausbildung der Kleinen noch wesentlich verbessert werden. Im Weiler Cowan Bridge öffnete die Clergy Daughters' School ihre Pforten, ein Schulinternat für Pfarrerstöchter. Leiter der Bildungsanstalt war Reverend Carus Wilson, ein Sadist. Am 21. Juli 1824 brachte Patrick die zehnjährige Maria und die neunjährige Elizabeth mit der Postkutsche in ihre neue Heimat. Drei Wochen später wurde auch die achtjährige Charlotte dort eingeschult. Der siebenjährige Branwell hingegen erhielt seinen Unterricht im Pfarrhaus vom Vater. Im November desselben Jahres kam auch die sechsjährige Emily nach Cowan Bridge. Die Schule kann nur als wahre Hölle bezeichnet werden: Das Essen war miserabel, die hygienischen Verhältnisse auf niedrigstem Standard, das Haus war im Winter ein Eiskeller, zudem feucht, die Kleidung der Mädchen hielt die nasse nordenglische Winterkälte nicht ab. Sonntags mußten die Schülerinnen in Reih und Glied zur vier Kilometer entfernten Kirche marschieren. »Wir hatten keine Stiefel, und der Schnee drang in unsere Schuhe und schmolz. Wir hatten keine Handschuhe und unsere erstarrten, mit Frostbeulen bedeckten Finger litten dieselben Qualen. Ich erinnere mich noch gut an das unerträgliche Jucken am Abend und die Tortur am Morgen, wenn ich meine geschwollenen steifen und wunden Zehen in die Schuhe zwängen mußte«, schrieb Charlotte später. Der Haferbrei zum Frühstück kam immer angebrannt auf den Tisch, das Fleisch war schon angefault, wenn es endlich in der Pfanne brutzelte, die Milch war sauer, die Butter ranzig, das Wasser schöpfte die Köchin aus der Regentonne. »Sie wissen, welche Erziehung ich für die Mädchen geplant habe; sie sollten ja nicht zu Luxus und Verwöhntheit, sondern zu Abhärtung, Geduld, Demut und Selbstverleugnung erzogen werden«, hieß es in einem Traktat des Schulleiters. Maria wurde im Winter 1824 krank, es scheint der Anfang ihrer Tuberkulose gewesen zu sein. Zu Beginn des folgenden Jahres brach Typhus in Cowan Bridge aus. Im Februar verschlimmerte sich Marias Zustand, und der Schulleiter schickte endlich nach dem Vater, der seine Älteste am 14. Februar heimholte, die drei anderen Töchter aber in dem Haus zurückließ. Am 6. Mai starb Maria an Auszehrung, die damals gebräuchliche Bezeichnung für Tuberkulose, eine Krankheit, über die man nichts wußte. Am 31. Mai wurde in Cowan Bridge klar, daß auch Elizabeth nicht mehr zu helfen war, am 15. Juni starb die Zehnjährige im Pfarrhaus von Haworth. Patrick nahm nun auch Emily und Charlotte von der Schule und brachte sie in den geborgenen Hafen des Pfarrhauses. Charlotte, Emily, Anne und Branwell schlossen sich in der Trauer um die beiden älteren Schwestern eng zusammen.

Den Beginn der literarischen Produktion der Brontë-Kinder können wir genau datieren: Das »Wunder von Haworth« begann im Juni des Jahres 1826. Patrick hatte von einer Reise nach Leeds Branwell zwölf Holzsoldaten mitgebracht, die der Neunjährige am Morgen seinen Schwestern zeigte. »Emily und ich sprangen aus dem Bett«, schrieb Charlotte später, »und ich schnappte mir einen davon und rief: ›Das ist der Herzog von Wellington.‹ Emily nahm sich ebenfalls einen heraus, und sagte, er solle der ihre sein. Als Anne herunterkam, sagte sie, einer sollte ihr gehören. Mein Soldat war der hübscheste von allen und der größte und Zoll für Zoll vollkommen. Emilys schaute grabesdüster drein, und wir nannten ihn Gravey. Annes war ein komisches kleines Kerlchen, das ihr ziemlich ähnlich sah, und wir gaben ihm den Namen Waiting Boy. Branwell suchte sich den seinen aus und nannte ihn Bonaparte.« Ab nun entfalteten die vier Kinder eine Phantasie, die den Leser in ungläubiges Staunen versetzt, und schrieben rund um diese hölzernen Gestalten abenteuerliche Geschichten, die *Erzählungen aus Angria*. Dieses Spiel sollte sie bis ins Erwachsenenalter begleiten. Die Holzsoldaten wurden auf der Invincible – »bestückt mit 74 Kanonen« – nach Afrika geschickt, sie ankerten mit ihrem Segler vor der Westküste des Kontinents und gründeten die Stadt Glasstown als Kapitale ihrer neuen Kolonie. Die Siedler kämpften gegen den Stamm der Ashanti – (im Geburtsjahr von Winston Churchill, 1874, sollten britische Truppen im heutigen Ghana ein Massaker unter den Ashanti anrichten) – und verteidigten ihr neues Territorium erfolgreich unter den beschützenden Händen von vier mächtigen Geistern – den Djinnen Brannii, Tallii, Emmii und Annii. Die wichtigsten Gebäude von Glasstown waren der mächtige Turm der Nationen – »ein vorausempfundenes UN-Gebäude«, wie Elsemarie Maletzke in ihrer ausgezeichneten Brontë-Biographie richtig bemerkt – und Braveys Kneipe, in der 20000 Gäste Platz fanden. Alsbald machten sich die Kinder daran, eine Verwaltung aufzubauen, ein Parlament einzurichten, Zeitungen ins Leben zu rufen und die Kultur von Glasstown immer differenzierter zu entwickeln. In seinem Buch über die »taubengrauen

Die Schwestern Brontë
Ölgemälde von Branwell Brontë

Schwestern« bemerkt Arno Schmidt: Vier »unheimlich begabte, spitzfindige, spinnfitzige merkwürdigste Kinder« hatten die Macht der Imagination entdeckt, als die »letzte große Rettung des in extremer Situation befindlichen jugendlichen Genius«.

Neben der Hausarbeit widmeten sich die vier nun ausschließlich ihren Geschichten, und jedes der Kinder hatte sein eigenes Buch über die Kolonisation von Glasstown, ihrer imaginären Stadt, in Arbeit. Das erste Büchlein des neunjährigen Branwell – als »Mann« zuständig für die Kriegszüge gegen die Ashanti – hieß *The Battell (!) Book*. Für einen seiner nächsten Texte, die *Geschichte der jungen Männer*, zeichnete er eine Karte Westafrikas, deren Vorlage er in *Blackwood's Magazine* gefunden hatte und die von ihm entsprechend seiner Geschichte modifiziert wurde. Das *Blackwood's* war ein wichtiger Ideengeber der kleinen Brontës. In dem Magazin schrieben die aufgeklärten Geistesgrößen jener Tage. Bei Thomas de Quincey, einem der Autoren des Blattes, bedankten sich die Schwestern später für »Vergnügen und Gewinn«, die sie aus seinen Artikeln gezogen hatten. *Blackwood's* diente ihnen auch als Vorlage für ihre Glasstown-Gazette *Young Men's Magazine*, die erstmals im Januar 1829 erschien. Für diese fiktive Zeitung ihrer Traumwelt schrieben sie Leitartikel, Reportagen, Rezensionen, Reiseberichte, Kommentare, Fortsetzungsromane, ja, sie gestalteten sogar Anzeigen und vergaßen auch ein Impressum nicht. Branwell und Charlotte standen der Publikation als »Chefredakteure« vor, und die Dreizehnjährige nebst zwölfjährigem Bruder brachten es auf sage und schreibe 15 Ausgaben. Das hinderte die Kinder nicht daran, ernsthaft auf ihren Kniepulten zusätzlich »Romane« zu schreiben. Man nehme nur *Die Abenteuer von Mon. Edouard de Crack*. O-Ton der nunmehr vierzehnjährigen Charlotte: »Ich fing dieses Buch am 22. Februar 1830 an und beendete es am 23. Februar, schrieb drei Seiten am ersten und elf am zweiten Tag. Am ersten Tag schrieb ich eineinhalb Stunden am Morgen und eineinhalb Stunden am Nachmittag. Am zweiten Tag schrieb ich eine Viertelstunde am Morgen und zwei Stunden am Nachmittag und eine Viertelstunde am Abend. Macht zusammen fünfeinhalb Stunden.«

Neben *Blackwood's Magazine* – »die beste Zeitschrift, die es gibt« – »lesen wir *John Bull*, eine fanatische Tory-Zeitung, sehr hitzig«. Das dritte und vierte Blatt, aus dem sich die Kinder über die Alltäglichkeiten informierten, waren der *Leeds Intelligencer*, »ein höchst vortreffliches Tory-Blatt, und der *Leeds Mercury*, eine Zeitung der Whigs«. Der Vater diskutierte mit seinen vier aufgeweckten Sprößlingen die Leitartikel der Blätter und die politischen Meldungen wie mit Erwachsenen. Weitere Anregungen besorgten sich die vier aus der Bibel, den Erzählungen aus 1001 Nacht und den Werken von Sir Walter Scott. »Alle Romane, die später geschrieben wurden, sind wertlos«, hieß es einige Jahre später über Scott in einem Brief von Charlotte. Zudem war der Vater Mitglied der Bibliothek des »Mechanic Institute« im sechs Kilometer entfernten Keighley und besorgte seinen Kindern vorurteilslos alle Bücher, um die sie ihn baten – wahrlich keine normale pädagogische Maßnahme jener Zeit, sondern eher die Ausnahme. Überhaupt ließ der Reverend seinen Kindern recht viel Freiraum, störte ihre Kreise nicht durch fragwürdige erzieherische Versuche und achtete ihre kindliche Welt. Im großen und ganzen konnten sie tun und lassen, was sie wollten. So hielt es der Pfarrer übrigens auch mit seiner Gemeinde, wahrte Distanz zu den Leuten, drängte sich nicht missionarisch auf und respektierte die Eigenheiten seiner Schäfchen. Als Elizabeth Gaskell, die erste Biographin von Charlotte, die Leute im Kirchsprengel von Haworth danach fragte, was für einen Pfarrer sie denn gehabt hätten, lautete die Antwort: »Einen sehr guten, er kümmert sich um seine eigenen Angelegenheiten und läßt uns mit den unsrigen zufrieden.«

Sehr wahrscheinlich hatten die Kinder auch Zugang zur privaten Bibliothek von Ponden Hall, dem Haus der reichen Landbesitzer- und Wollhändlerfamilie Heaton, fünf Kilometer von Haworth entfernt. 1300 Bücher standen hier in den Regalen, darunter die erste Folio-Ausgabe der Werke von Shakespeare und viele französische Titel. Charlotte war dreizehn Jahre alt, als sie Voltaires *Henriade* ins Englische übersetzte, eine Arbeit, die »nach Aussage von Experten nicht einmal schlecht gelungen ist. Sie belegt nicht nur ihr sich regendes poetisches Talent, sondern auch ihr Streben nach Kultivierung des kruden Wissens, daß sie sich unter Vater und Tante angeeignet hatte«, so Elsemarie Maletzke. Und Charlottes spätere Freundin Mary Taylor berichtete: »Sie sammelte jede kleinste Information über Malerei, Bildhauerei, Dichtung und Musik, als sei es Gold.«

Doch gerade für Charlotte – die Älteste – war es wieder einmal Zeit, die Sicherheit des Pfarrhauses mit den Realitäten eines Internates zu tauschen. Ihre Ausbildung zur Gouvernante mochte der Vater in einem zweiten Anlauf vervollständigen, und so listete die nun Vierzehnjährige ihre Büchlein in einem Katalog auf – es waren zweiundzwanzig –, schloß sie sorgfältig fort und traf am 17. Januar 1831 in Roe Head ein, in dem weitere acht junge Damen auf ihr zukünftiges Leben vorbereitet wurden. Hier lernte sie ihre beiden Freundinnen Mary Taylor und Ellen Nussey kennen, die Charlotte auf dem Rest ihres Lebensweges begleiten sollten. Die eineinhalb Jahre, die sie hier in Roe Head verbrachte, waren eine glückliche Zeit, ihre Mitschülerinnen achteten sie, und Charlotte war die Klassenbeste. Der Schule stand eine gewisse Miss Wooler vor, die mit ihren drei Schwestern das Institut leitete, sich ganz auf ihre wenigen Schülerinnen konzentrierte und durch einen gesunden Pragmatismus Erziehung betrieb. Vier Monate nach dem Eintritt ins Internat besuchte Branwell seine ältere Schwester, er wollte mit ihr den Fortgang der Geschichte von Glasstown – nun in französisch-griechischer Verfeinerung Verdopolis genannt – besprechen. Und eine weitere Information hatte er im Gepäck, nämlich die, daß Emily und Anne sich selbständig gemacht und das Königreich Gondal ausgerufen hatten.

Nach achtzehn Monaten verließ Charlotte die Schule, die ihr nun nichts mehr beibringen konnte, mit einer Silbermedaille als beste Schülerin im Gepäck und kehrte ins Pfarrhaus nach Haworth zurück. Dort begann die Sechzehnjährige mit der Erziehung ihrer beiden jüngeren Schwestern und unterrichtete sie in allen wichtigen Fächern. Nach wie vor erhielt Branwell seine Schulstunden vom Vater, zudem hatte er angefangen, in Öl zu malen. Der Reverend hoffte auf eine erfolgreiche Künstlerkarriere für seinen einzigen Sohn.

1834 entwarf Charlotte ihr umfangreiches Sittenbild *Mein Angria und die Angrianer.*

1835 sollte Branwell, nun achtzehn Jahre alt, in London zum Porträtmaler ausgebildet werden – vorausgesetzt, daß er die Aufnahmeprüfung der Akademie schaffte. Charlotte und Emily gingen ins Mädchenpensionat nach Roe Head, Charlotte als Lehrerin, Emily als Schülerin. Mit einem Teil ihres Gehaltes stand Charlotte für Emilys Schulgeld ein. Beide Mädchen waren unglücklich, Charlotte hatte kein pädagogisches Händchen für die ihr anvertrauten Elevinnen, und Emily fühlte sich wie im Gefängnis. Die Siebzehnjährige war es gewohnt, über die Moore zu streifen und ihren Bewegungsdrang auszuleben, in Roe Head war sie mit anderen Mädchen – die sie nicht mochte und die ihr im Gegenzug wenig Sympathie entgegenbrachten – in einem gemeinsamen Schlafsaal eingesperrt; der Tag war mit Schulstunden, Mahlzeiten und Kirchgang bis in die letzte Minute hinein strukturiert, Freiheit gab es nicht einmal ansatzweise, und der einzige Trost, Gondal, verlor sich am Horizont. Nach vier Monaten meldete Charlotte das Unglück der Schwester dem Vater, und der Reverend holte Emily nach Hause. Emilys Schulplatz nahm nun Anne ein. Doch die kleine und die große Schwester waren sich kein Trost, sie konnten sich nicht gegenseitig helfen. Vor allem Charlotte litt schwer, sie berichtete von dem vergeblichen Versuch, ihren Schülerinnen den Unterschied zwischen einem Artikel und einem Substantiv klarzumachen – ein mühseliges Unterfangen. »Muß ich den besten Teil meines Lebens in dieser elenden Knechtschaft verbringen, meine Wut über die Faulheit und Gleichgültigkeit und unsägliche, eselhafte Dummheit dieser hohlköpfigen Einfaltspinsel mit Macht unterdrücken und mir eine Haltung von Freundlichkeit, Geduld und Gelassenheit aufzwingen? Muß ich Tag für Tag angekettet auf diesem Stuhl sitzen, eingesperrt zwischen diesen kahlen Wänden, während die Sommersonne am Himmel steht?« Nur wenige Minuten des Tages verblieben Charlotte, sich in ihr Traumreich Angria zurückzuziehen und ihre kreativen Einfälle in die Tat umzusetzen. »Ich habe den ganzen Tag in meinem Traum zugebracht«, notiert sie im Herbst 1836 in ihrem Tagebuch, »halb elend, halb verzückt. Elend, weil ich ihn nicht weiter verfolgen konnte, verzückt, weil er die Vorgänge in der Welt dort unten in einem fast realistischen Licht zeigte.« Kaum, daß die Ferien anbrachen, eilte sie in den sicheren Hafen des Pfarrhauses, nur in diesen Zeiten war sie glücklich, ein Glück freilich, das permanent überschattet wurde vom erneut drohenden Schulbeginn.

Und was war inzwischen mit Branwell geschehen? Im Oktober 1835 war er nach London abgereist, zwei Wochen später stand er kleinlaut wieder vor der Haustür in Haworth. Angeblich hatte man ihn in der Postkutsche beraubt. Was genau geschehen ist, wissen wir nicht, aber der junge Mann hatte sich nirgendwo vorgestellt, seine Empfehlungsschreiben nicht bei der Akademie eingereicht, und so können wir vermuten, daß er dem Erwartungsdruck der Familie nicht gewachsen war. Nachdem er sein Selbstvertrauen halbwegs wiedergefunden hatte, bewarb er sich um eine Stelle beim *Blackwood's Magazine.* Dort war einer der Kolumnisten, Kennern englischer Literaturgeschichte auch als der »Ettrick Shepherd« bekannte James Hogg, verstorben, und Branwell hoffte, den vakanten Platz einnehmen zu können. Doch seine Bewerbungsschreiben waren von einer solchen Arroganz, daß der Herausgeber sie einer Antwort nicht für würdig hielt.

Während Charlotte und Branwell von einer literarischen Karriere träumten, widmete sich Emily neben der Hausarbeit ihren Geschichten zu Gondal und schrieb heimlich Gedichte.

Und auch Anne wandte sich in ihrer spärlichen Freizeit in Roe Head der Poesie zu. Branwell hingegen schwand langsam der Boden unter den Füßen, und er begann im Pub Black Bull, zwei Minuten Fußweg entfernt vom Pfarrhaus, nun noch kräftiger zu trinken.

Im September 1838 verließ Emily das Pfarrhaus und unterrichtete an der Schule von Miss Patchet in Law Hill in der Nähe von Halifax. Unnötig zu sagen, daß auch sie todunglücklich in ihrem Job war. Ein Brief an Charlotte »enthält eine schreckliche Beschreibung ihrer Aufgaben – harte Arbeit von sechs Uhr früh bis beinahe elf Uhr abends mit nur einer halbstündigen Erholungspause dazwischen. Das ist Sklaverei. Ich fürchte, sie wird es nicht ertragen.« Die ältere Schwester sollte natürlich recht behalten, nach einem halben Jahr warf Emily das Handtuch und kehrte nach Haworth zurück. Charlotte selbst kündigte im Dezember 1838 in Roe

Head. Als nächstes war das neunzehnjährige Nesthäkchen Anne dran, sich im Berufsleben zu bewähren, sie ging als Gouvernante zu der Familie Ingham, um für ein Jahresgehalt von 25 Pfund einen sechsjährigen Jungen und ein fünfjähriges Mädchen zu unterrichten. Anne blieb acht Monate, dann war auch sie wieder zu Hause. Im Mai des Folgejahres trat Charlotte in die Dienste der reichen Tuchhändlerfamilie Sidgwick. »Die Kinder sind ständig um mich herum, und so aufsässige, verstockte, widerspenstige Bengel hat es noch keine gegeben«, schrieb sie an Emily. Schon nach zwei Monaten war dieses Intermezzo vorbei. »In meinem ganzen Leben war ich noch nicht so froh, aus einem Haus herauszukommen.«

Der Reverend hatte Branwell mittlerweile ein Atelier in Bradford eingerichtet, in einer Stadt, die über eine respektable Mittelschicht verfügte. Hier sollte er genügend Kunden finden, die sich porträtieren lassen wollten. Doch dem war nicht so, statt Aufträge zu akquirieren, verbrachte er seine Tage und Nächte in den Wirtshäusern, und es war zu dieser Zeit, daß er sich angewöhnte, Opiumtinktur zu trinken.

Im Mai 1839 befahl der Reverend seinem Sohn, von Bradford aus ins elterliche Haus zurückzukehren, und beglich zugleich dessen Wirtshausschulden. Wenige Monate später begann der fünfundzwanzigjährige Kurator, der Hilfsgeistliche William Weightman, dem Reverend Brontë zur Hand zu gehen, und die neunzehnjährige Anne verliebte sich Hals über Kopf in den gutaussehenden jungen Mann – wie ihre Gedichte bezeugen.

Das nächste Familienmitglied, das nun wieder einmal in die fremde Welt hinauszog, war erneut Branwell. Er nahm im Januar 1840 seinen Posten als Hauslehrer bei der Familie Postlethwaite auf und hatte »zwei aufgeweckte Burschen« zu unterrichten. Die Anstellung dauerte genau ein halbes Jahr, und schon war Branwell wieder im Pfarrhaus von Haworth. Im September desselben Jahres dann bekam er eine Anstellung bei der Eisenbahn und avancierte zum stellvertretenden Bahnhofsvorsteher von Sowerby Bridge in der Nähe von Halifax. 75 Pfund betrug sein Jahresgehalt. Innerhalb von sechs Monaten machte er Karriere, stand nun in dem verschlafenen Dörfchen Luddenden Foot seiner eigenen Station vor und verdiente etliche Pfund mehr. »Es sieht aus, als ginge es nun doch voran«, konnte Emily Charlotte mitteilen. Dem war jedoch ganz und gar nicht so. Branwell trank öfter in der Dorfschänke, als daß er im Bahnhof Dienst tat. Als im Mai 1842 ein Revisor seine Bücher überprüfte, fehlten 11 Pfund in der Kasse, die in der kreativen Buchführung des jungen Brontë verlorengegangen waren. Branwell wurde gefeuert. Während er wieder zu Hause eintraf, hatte sich Anne inzwischen erneut auf den Weg gemacht und eine Stelle als Gouvernante bei der Familie Robinson angetreten. Das Nesthäkchen hielt hier fünf Jahre durch, eine Leistung, die keine ihrer Schwestern erreichen sollte. Die drei Töchter der Familie brachten ihrer Erzieherin im Laufe der Zeit eine liebevolle Zuneigung entgegen, und sie wandten sich noch an ihre Gouvernante um Rat, als diese schon längst nicht mehr bei ihnen war.

Auch Charlotte hatte im März 1841 eine neue Stelle angetreten und sollte für ein Jahresgehalt von mageren 16 Pfund der achtjährigen Tochter und dem zwei Jahre jüngeren Sohn der Kaufmannsfamilie White Bildung und Benehmen beibringen. Es verwundert nicht zu hören, daß dieses Unterfangen nach neun Monaten beendet war. Nach all diesen gescheiterten Versuchen reifte in Charlotte nun der Plan, zusammen mit den Schwestern eine eigene Schule aufzumachen. Da wären die drei dann nicht nur zusammen, sondern auch die Herrinnen des Hauses. Doch schon kurze Zeit darauf wurde das Projekt nicht mehr weiterverfolgt, denn Charlotte bekam einen Brief von Mary Taylor aus Brüssel.

Darin berichtete die Freundin nicht nur über all die Herrlichkeiten einer großen Metropole, sondern vor allem über das Chateau de Koeckleberg, ein exklusives Mädchenpensionat, das Engländerinnen aus begüterten Kreisen den endgültigen Feinschliff im Benehmen beibrachte. Charlotte dachte nun ernsthaft darüber nach, ihre Ausbildung in Brüssel zu veredeln, denn dies würde der geplanten Schule eine zusätzliche Reputation bringen. Sie könnte dann Auslandserfahrung vorweisen und perfektes Französisch. Und Emily sollte sie begleiten. An so etwas Hochkarätiges wie das Chateau war natürlich nicht zu denken, aber Charlotte erkundigte sich und entschied sich schließlich für das Pensionat von Madame Claire Zoë Heger. Tante Branwell streckte das Geld vor, fünf Pfund pro Person für die Reise und 26 Pfund Schulgeld pro Jahr, allerdings inklusive Klavierunterricht, Tanzen, Singen und Zeichnen. Am 8. Februar 1842 brachen Charlotte, Emily und ihr Vater auf nach Belgien. Charlotte stellte schnell fest, daß ihr Französisch miserabel war, und Emily, die es von der älteren Schwester gelernt hatte, verstand im Unterricht überhaupt nichts. Also nahm sich Madames Gatte, Monsieur Constantin Heger, Professor für Rhetorik und Mathematik an einer benachbarten Jungenschule, der beiden Engländerinnen an. »Von einer Person habe ich noch nicht gesprochen, von Monsieur Heger, dem Gatten von Madame, ein Mann von machtvollem Instinkt, aber sehr cholerisch und reizbar, ein kleines dunkles häßliches Wesen mit einem Gesicht, dessen Ausdruck wechselt. Manchmal nimmt es die Züge eines verrückten Katers an, manchmal die einer rasenden Hyäne.« Und doch sollte sich Charlotte kurze Zeit später in diesen Mann verlieben.

Während Charlotte in der intellektuell fordernden Atmosphäre wieder einmal aufblühte, konnte Emily sich nur schwer den Zwängen des Unterrichts unterordnen. Freiheit, ihr oberstes Lebensziel, gab es hier wieder einmal nicht, und mit dem respektgewohnten Monsieur Heger hatte sie ihre Probleme. Es war nicht Emilys Art, eine fremde Autorität zu akzeptieren. »Vorige Woche bin ich 26 geworden«, schrieb währenddessen Charlotte nach England, »und in diesem reifen Lebensalter bin ich ein Schulmädchen, und alles in allem sehr glücklich dabei.« Die beiden Schwestern machten rasch gute Fortschritte, vor allem ihr Französisch verbesserte sich schnell, und Emily zeigte eine besondere musikalische Begabung. Nach einem halben Jahr Unterricht machte Madame Heger den beiden ein Angebot: Charlotte sollte fortan als Englischlehrerin im Pensionat agieren, und Emily war für den Musikunterricht vorgesehen. Als Gegenleistung erhielten sie weiterhin Stunden in Französisch und Deutsch. Ein Gehalt gab es nicht.

Einige Monate später erreichte die beiden Mädchen eine schlimme Nachricht. Der Kurator ihres Vaters, William Weightman, war im September 1842 sechsundzwanzigjährig an der Cholera gestorben. Die beiden ahnten nicht, wie Anne um den heimlich Angebeteten trauerte. »Ach, du bist fort! Nie wieder schenkt / Dein strahlendes Lächeln Freude mir. / Die Kirche betret' ich, den Blick gesenkt / Auf den dekkenden Boden über dir.« Noch Jahre später sollte sie den Verlust in ihren Gedichten schmerzvoll aufarbeiten: »Im kalten Grab seit Jahren liegt / Die Gestalt, die ich so glücklich war zu seh'n, / Und nur die Träume können mir zurückbringen / Den Liebling meines Herzens.«

Einen Monat später erreichte die beiden Schwestern die noch schlimmere Nachricht, daß der Tod Tante Elizabeth ereilt hatte. In aller Hast reisten Charlotte und Emily über Antwerpen und London ins heimatliche Haworth. Doch die Tante war schon zur letzten Ruhe gebettet. Ihren drei Nichten vermachte sie ihr Vermögen von 1500 Pfund. Sehr wahrscheinlich wurde das Geld auf Emilys Betreiben in Aktien der York-und-Midland-Eisenbahn investiert, und sie war es auch, die für die nächsten Jahre das gemeinsame Erbe verwaltete.

Als die Trauerzeit vorbei war, kehrte Charlotte als Lehrerin nach Brüssel zurück, nicht aber Emily, die froh war, dem Pensionat entronnen zu sein. Außerdem war der Reverend am Grauen Star erkrankt, konnte immer weniger sehen und benötigte dringend einen Haushaltsvorstand. Im Januar 1843 fuhr Branwell mit Anne zusammen zu den Robinsons, um als Hauslehrer den elfjährigen Edmund zu unterrichten. Zwei Brontës standen nun im Dienst dieser Familie.

In Brüssel war unterdessen der verheiratete Monsieur Heger der einzige Lichtblick für Charlotte, er schenkte ihr Bücher und flirtete mit der seltsamen Engländerin, ein Verhalten, das Madame Heger nicht verborgen blieb. Charlotte machte ihm für seine Aufmerksamkeit ein ganz besonderes Präsent und gab drei ihrer in winziger Schrift verfaßten Romanheftchen an den Angebeteten – *The Spell*, *Highlife in Verdopolis*, *The Scrapbook*. Der machte sich nicht die Mühe, den »Schatz« genauer in Augenschein zu nehmen. Ein halbes Jahrhundert später wurden diese »Manuscrits de Miss Charlotte Brontë« von einem belgischen Antiquar auf dem Markt angeboten. Das Verhältnis zwischen Madame Heger und ihrer Englischlehrerin wurde zunehmend frostiger, Charlotte entschloß sich zur Kündigung und kam am 2. Januar 1844 wieder im Pfarrhaus an – allerdings recht unglücklich. »Ich habe sehr gelitten, ehe ich Brüssel verließ«, schrieb sie an ihre Freundin Ellen Nussey, »ich glaube, solange ich lebe, werde ich niemals vergessen, was mich der Abschied von Monsieur Heger gekostet hat.«

Branwell hielt sich mittlerweile erstaunlich lange bei den Robinsons, drei Jahre lang fungierte er als Privatlehrer, dann, im Juli 1845, wurde er vom Hausherrn gefeuert. Es ist sehr wahrscheinlich, daß Branwell ein Verhältnis mit der siebzehn Jahre älteren Mrs. Robinson hatte. Wieder einmal kehrte er geschlagen nach Haworth zurück, Anne hatte einen Monat zuvor nach fünf Jahren ihre Gouvernantenstelle bei den Robinsons gekündigt. Branwell war ab nun »ständig krank«, wie Charlotte kummervoll notiert. Ständig krank steht für ständig betrunken. Charlotte hatte es in diesen Tagen ohnehin nicht leicht, denn Monsieur Heger antwortete nicht mehr auf ihre Briefe – »ich bin überzeugt, Sie eines Tages wiederzusehen, ich weiß weder wie noch wann, doch es muß sein, da ich es so sehr wünsche« –, zudem rückte das geplante gemeinsame Schulprojekt in immer weitere Ferne. Charlottes nicht erwiderte Liebe war auch Gegenstand ihrer Gedichte: »Ungeliebt lieb' ich, unbeweint wein' ich, / Kummer bezähm' ich, Hoffnung erstick' ich.«

Hier sei nun eine kurze Anmerkung eingeschoben. Seit dem Januar 1844 hatte der Reverend wieder einen Kurator, einen Iren mit Namen Arthur Bell Nicholls, »einen ernsten Herrn Ende 20 mit einem Pferdegesicht, das von einem schwarzen Backenbart eingerahmt wird«. An ihm war absolut nichts Besonderes, sieht man einmal davon ab, daß er zehn Jahre später Charlottes Ehemann werden sollte.

Am 28. Januar 1846 schrieb Charlotte an den Verlag Aylott & Jones in London, gab sich als Literaturagent aus und bot die Gedichte der drei »Brüder« Currer, Ellis und Acton Bell an. Wenige Tage später erfuhr »C. Brontë Esq.« die von den Schwestern begeistert aufgenommene Nachricht, daß der Verlag bereit sei, die Gedichte der Bells zu drucken, allerdings auf deren Kosten. 35 Pfund investierten die drei und zusätzlich noch einmal fünf Pfund für Werbung. Im Mai 1846 erschien das 165 Seiten starke Büchlein in der gewaltigen Auflage von 1000 Exemplaren – verkauft wurden zwei! Doch hatten die Rezensenten den Band entdeckt, lobten die Gedichte uneingeschränkt, und der *Critic* informierte seine Leser, daß »das Bändchen ein Sonnenstrahl auf dem Schreibtisch des Feuilleton-Redakteurs sei«. Die Schwestern ließen sich von dem wirtschaftlichen Mißerfolg nicht entmutigen und produzierten weiter ihre Texte. Während Branwell im Black Bull trank, schrieben die Schwestern im Eßzimmer des Pfarrhauses an ihren Romanen *Der Professor*, *Sturmhöhe* und *Agnes Grey*. Ab Juli 1846 schickte Charlotte für die folgenden eineinhalb Jahre die Manuskripte an insgesamt sechs Verlage. Im August unterzog sich der mittlerweile völlig erblindete Reverend einer erfolgreichen Augenoperation, und Charlotte begann ihren Roman *Jane Eyre*. Im Juli 1847 erhielten die Schwestern die Nachricht, daß der Londoner Verleger Thomas Cautley Newby Emilys *Sturmhöhe* und Annes *Agnes Grey* in einem Band veröffentlichen wollte; er forderte einen Zuschuß von 50 Pfund, den er nach den ersten 250 verkauften Exemplaren zurückzahlen wollte – was er allerdings nie tat. Charlotte schickte ihren *Professor* nun allein auf die Reise und bekam bald darauf vom Verlag Smith & Elder einen langen Brief des Lektors Williams, der intelligent und verständnisvoll die Schwächen des Romans offenlegte. Gerne aber, so hieß es, würde er ein weiteres Werk von Currer Bell wohlwollend prüfen. Am 24. August 1847 schickte Charlotte das Manuskript von *Jane Eyre* nach London. Williams las es in einem Rutsch durch und drückte es voller Aufregung seinem Verleger George M. Smith in die Hand. An einem Sonntagmorgen, kurz vor einem geplanten Ausritt mit Freunden, begann Smith zu lesen. »Kurz vor 12 Uhr wurde mein Pferd vor die Tür gebracht, aber ich konnte das Manuskript nicht aus der Hand legen. Irgendwann kam der Diener, um mir zu sagen, daß das Mittagessen auf dem Tisch stünde. Ich bat ihn, mir einen Sandwich und ein Glas Wein zu bringen, und fuhr fort mit *Jane Eyre*. Die Zeit fürs Abendessen kam; für mich war es nur eine hastige Mahlzeit, und bevor ich zu Bett ging, hatte ich das Manuskript ausgelesen.« Schon vier Wochen später trafen die Korrekturfahnen in Haworth ein, nach zwei weiteren Wochen kam *Jane Eyre* in die Regale der Buchhändler und schlug ein wie eine Bombe. Die literarischen Zirkel waren in heller Aufregung, die Rezensenten überschlugen sich in ihren Besprechungen. Aber wer um alles in der Welt war Currer Bell? Intelligente Leser vermuteten recht schnell eine Frau hinter dem Namen, und William Makepeace Thackeray, der bekannteste Romanschriftsteller jener Tage, schrieb an Lektor Williams: »Das Buch hat mich so sehr gefesselt, daß ich einen ganzen Tag verloren (oder, wenn Sie wollen, gewonnen) habe. Ich habe keine Vorstellung, wer der Autor sein könnte; wenn es freilich eine Frau ist, versteht sie ihr Handwerk besser als die meisten Damen oder sie hat eine klassische Ausbildung genossen. Gleichviel, es ist ein großartiges Buch, der Autor ist, ob Mann oder Frau, großartig, der Stil sehr souverän und, wenn ich so sagen darf, gradheraus. Einige der Liebesszenen haben mich zum Weinen gebracht.« Zwei Monate später erschien die zweite Auflage, die Charlotte Thackeray widmete, drei Monate später die dritte. Die Kritiker jubelten monatelang, »ein Buch, das den Puls rasen läßt«. Charlotte verdiente mit *Jane Eyre* 500 Pfund. Nach dem großen Erfolg von Currer Bell beeilte sich Verleger Newby nun mit der Produktion des Buches der beiden anderen Bells, das im Dezember auf den Markt kam und gleichfalls positiv rezensiert wurde.

Nach der Fertigstellung von *Agnes Grey* begann Anne unverzüglich mit der Arbeit an *Die Herrin von Wildfell Hall*, das im Juni 1848 erschien und sogleich ein Erfolg wurde. Vier Wochen später schon mußte die zweite Auflage gedruckt werden; kurz darauf erschien der Band auch in Amerika. Da sich das Verlagshaus Smith & Elder ebenfalls bemühte, Charlottes Buch in den USA herauszubringen und zwei konkurrierende Verlage nun die Bücher der »Bell-Brüder« vermarkteten, fürchtete Charlottes Verleger Probleme. Also beschlossen Charlotte und Anne, nach London zu reisen, ihre Anonymität zu lüften und sich vorzustellen, um jegliche Mißverständnisse aus der Welt zu räumen. »Zwei ziemlich altmodisch gekleidete Damen, blaßgesichtig und ängstlich blickend, betraten mein Zimmer.« Die Gespräche verliefen zu aller Zufriedenheit. Am Abend führte Smith seine Autorinnen in die Oper und zeigte den beiden in den folgenden Tagen einige Sehenswürdigkeiten der Metropole, dann kehrten die Schwestern nach Haworth zurück.

Branwell, der die letzten Jahre kontinuierlich durchgetrunken hatte, wurde in dieser Zeit immer schwächer. Am 22. September 1848 schaffte er die wenigen Meter vom Black Bull bis ins Pfarrhaus schon nicht mehr, und zwei Tage später starb er im Alter von einunddreißig Jahren. »Chronische Bronchitis und Auszehrung«, lautete die Diagnose des Arztes. Wenige Tage nach der Beerdigung wurde Emily krank und verließ das Haus nicht mehr. »Emilys Erkältung und der Husten sind sehr hartnäckig. Ich fürchte, sie hat Schmerzen in der Brust«, notierte die ältere Schwester angstvoll. Die starrköpfige Emily, die ein Leben lang ihren eigenen Willen durchgesetzt hatte, weigerte sich, einen Arzt zu konsultieren, sie »besteht darauf, der Natur ihren Lauf zu lassen« – »kein Giftmischer kommt mir ins Haus«. Auch Anne wurde immer blasser, sie hustete und hatte ebenfalls Schmerzen. In dieser Zeit kaufte Charlottes Verleger den gemeinsamen Gedichtband der drei Schwestern von Aylott & Jones zurück, und 24 Pfund Honorar flossen erst einmal ins Pfarrhaus. Emily konnte das nicht mehr helfen. Am Morgen des 19. Dezember ging sie unter Schmerzen und schwach dennoch wie üblich ihren häuslichen Gepflogenheiten nach. Kurze Zeit darauf brach sie zusammen, Charlotte und Anne trugen sie aufs Sofa. »Wenn ihr jetzt einen Arzt holen wollt, soll es mir recht sein.« Ihre Stimme war nur noch ein Flüstern. Um zwei Uhr nachmittags war sie tot – mit dreißig Jahren. Mit Anne ging es nun ebenfalls rapide bergab, ihr

Im Brontë-Museum

Zustand verschlechterte sich immer mehr. Der Arzt diagnostizierte die berüchtigte Auszehrung auch bei ihr. Sie wurde in das nordenglische Seebad Scarborough gebracht, doch die Meeresluft rettete sie nicht mehr. Fünf Monate nach Emily starb Anne am 28. Mai 1849 im Alter von neunundzwanzig Jahren. Um sich von ihrer Trauer abzulenken, schrieb Charlotte mit großer Intensität an *Shirley*, das im Oktober 1849 bei Smith & Elder erschien und sofort wieder ein großer Erfolg wurde. Ihr Verleger lud Charlotte nach London ein. Hier traf sie auch mehrfach Thackeray, der sich jedesmal die eine oder andere Peinlichkeit erlaubte. Irgendwann wohl wurde es Charlotte zuviel, und im Haus ihres Verlegers erlebte der sie plötzlich »in voller Fahrt«. Thackeray lehnte bei dem Ausbruch unbehaglich am Kamin, und vor ihm stand »diese kleine Frau, die ihm kaum bis zum Ellenbogen reichte, aber stärker und wilder aussah als der große Mann, und die ihm ihre scharfen Worte an den Kopf warf – sie wirkten auf mich wie Bomben, die in eine Festung fallen«. Und sie traf in London auf Elizabeth Gaskell, die ihre erste Biographin werden sollte.

Zurück in Haworth begann Charlotte im November 1851 ein neues Buch – »Villette«, das im Januar 1853 erschien. Einen Monat vorher, am 13. Dezember 1852, war es im Pfarrhaus zu einem schwerwiegenden Ereignis gekommen. Arthur Bell Nicholls, der Hilfsgeistliche des Reverend, hatte die Tochter seines Chefs schon lange Zeit »mit merkwürdig fiebriger Selbstbeherrschung« angeschaut. Dem alten Brontë war das nicht entgangen, und er machte sich hinter dem Rücken des Kurators »mit geringem Mitgefühl und einem gut Teil von Sarkasmus« über ihn lustig. Am besagten Datum war Nicholls zum Tee bei Vater und Tochter geladen; nach schicklicher Unterhaltung zog sich Charlotte ins Wohnzimmer zurück und ließ die beiden Männer alleine. »Dann hörte ich ihn die Tür vom Salon schließen, als ob er gehen wolle. Ich wartete auf das Zuklappen der Haustür. Er blieb im Flur stehen, er klopfte. Wie ein Blitzstrahl fuhr mir durch den Sinn, was nun kommen würde. Er trat ein, er stand vor mir. Seine Worte wirst Du erraten, sein Auftreten Dir kaum vorstellen können. Ich werde es nie vergessen. Von Kopf bis Fuß zitternd, mit totenblassem Gesicht, seine Rede leise, heftig und doch stockend, ließ er mich zum erstenmal spüren, was es einen Mann kostet, seine Liebe zu gestehen, an deren Erwiderung er zweifeln muß. Ich glaube, halb zog, halb stieß ich ihn aus dem Zimmer.« Charlotte berichtete dem Vater von dem Vorfall, und der bekam ob des »unmännlichen Faselhans« einen rasenden Wutanfall. »Von Papa ist soviel Mitgefühl zu erwarten wie Saft aus Brennholz«, notierte Charlotte. Arthur Bell Nicholls kündigte seine Stelle, blieb aber in Haworth und schickte der Geliebten weiter Blicke »wie ein geschundenes Aas« hinterher. Das Frühjahr kam, und Nicholls war immer noch in Haworth. Zu Pfingsten feierte er seine letzte Messe in St. Michael's, denn er hatte eine neue Stelle in einem Dorf nahe bei Leeds gefunden. Als er die Hostien für das Abendmahl austeilte und Charlotte an der Reihe war, »kämpfte er mit sich und stotterte, verlor dann die Beherrschung und stand vor mir im Angesicht der ganzen Gemeinde, bleich, zitternd und stumm«. Doch die hartnäckig sich haltende Liebe des Kurators sollte sich durchsetzen, am 29. Juni 1854 fand die Hochzeit statt, und einen Monat später besuchten die Frischverheirateten die Verwandten des Gatten in Irland. Im Januar 1855 holte sich Charlotte eine schwere Erkältung, der Husten nahm zu, die Schmerzen in der Brust auch, und bald spuckte sie Blut. Daß sie sich zudem ständig erbrach, erklärten die Ärzte mit ihrer Schwangerschaft. Sie verlor schnell ihre Kräfte – »ich bin so krank, so müde«. Am 21. Februar schrieb sie ihren letzten Brief. In der dritten Märzwoche fiel Charlotte ins Koma und starb am 31. März

1855, drei Wochen vor ihrem 39. Geburtstag. Im Kirchenregister steht als Todesursache eingetragen »Schwindsucht – drei Monate bezeugt«. Und in der Rubrik »Stellung, Beruf« ist lediglich vermerkt: »Ehefrau des Arthur Bell Nicholls, Kurator in Haworth«. Im Juni bat der alte Brontë Elizabeth Gaskell, die Biographie von Charlotte zu schreiben, 1857 kam *The Life of Charlotte Brontë* auf den Markt, im selben Jahr publizierten Smith & Elder Charlottes erstes Buch *The Professor*.

Am 7. Juni 1861 starb Patrick Brontë im Alter von vierundachtzig Jahren – er hatte seine gesamte Familie überlebt. Arthur Bell Nicholls ging zurück nach Irland, dort segnete er im Alter von achtundachtzig Jahren am 2. Dezember 1906 das Zeitliche.

1893 war bereits die Brontë Society gegründet worden, und zwei Jahre später öffnete das Brontë-Museum im ersten Stock der Yorkshire Penny Bank in Haworth seine Pforten. 1928 dann kaufte ein Sponsor das Pfarrhaus und überließ es der Gesellschaft, die noch im selben Jahr das Brontë Parsonage Museum der Öffentlichkeit zugänglich machte.

Von der Eingangshalle des Pfarrhauses aus – in der in einer Nische eine große Standuhr steht, die Patrick Brontë jeden Abend vor dem Schlafengehen aufzog – findet sich gleich links das Eßzimmer mit dem originalgetreuen Mobiliar (der Teppich und die Tapete allerdings datieren aus unserem Jahrhundert). Hier haben die kleinen Brontës allabendlich zusammengesessen und ihrer Phantasie über Gondal und Angria freien Lauf gelassen, und als Erwachsene sollten die drei Schwestern hier auch ihre Romane schreiben. In diesem Zimmer starb Emily auf dem Sofa. Über dem Kamin hängt ein ovales Porträt von Charlotte, das 1850 von George Richmond geschaffen wurde. Charlottes Verleger wünschte sich ein offizielles Bild seiner Autorin und schickte sie zu Richmond, der in jenen Tagen ein bekannter Gesellschaftsmaler war (Original in der National Portrait Gallery, London). Über dem Sofa finden wir ein großes Gipsmedaillon von Branwell, das sein Freund J. B. Leyland aus Halifax, ein professioneller Bildhauer, geschaffen hat.

Gegenüber dem Eßzimmer liegt die Studierstube von Patrick Brontë. Zeitgenössische Quellen beschreiben, wie er vor dem Kamin »in einem einfachen, ungepolsterten Stuhl saß, aufrecht wie ein Soldat«. An den Wänden hängen bis heute einige große Drucke mit apokalyptischen Szenen des Künstlers John Martin. Diese Bilder waren eine Quelle der Inspiration für die kleinen Brontës.

Neben dem Schreibtisch und dem Lesepult befindet sich auch das Piano, auf dem die Kinder ihren Klavierunterricht bekamen. An diese beiden Räume schließen sich die Küche und das Arbeitszimmer von Arthur Bell Nicholls an. Dieses war ursprünglich nur von außen zu erreichen und diente als Lagerraum, doch nach der Hochzeit wurde der alte Eingang zugemauert und eine neue Tür von der Eingangshalle hineingebrochen. Im weiteren hinteren Teil des Erdgeschosses gibt es einen großen Ausstellungsraum. Im ersten Stock befinden sich der kleine Raum für das Hausmädchen, eine ebenfalls winzige Kammer als Spielzimmer für die Kleinen, Charlottes Schlafzimmer, das Schlafzimmer von Patrick Brontë, das Studio von Branwell sowie ein weiterer großer Ausstellungsraum. Das Mobiliar ist auch hier weitgehend das der Brontës. Das Bett des Reverend in seinem Schlafraum ist allerdings ein Nachbau von 1987. Dabei konnten sich die Möbeltischler an einer Zeichnung von Branwell orientieren. In seinen letzten Lebensjahren schlief Branwell im Zimmer des Vaters, damit der des Nachts ein Auge auf seinen betrunkenen und von Opium berauschten Sohn werfen konnte. In diesem Zimmer starb Branwell. In Branwells Studio hängen vier seiner Porträtbilder.

In der Kirche neben dem Pfarrhaus befindet sich die Grabstätte der gesamten Familie Brontë, nur Anne, die im nordenglischen Scarborough auf Linderung durch die Seeluft gehofft hatte, ist dort auf dem Friedhof des alten normannischen Gotteshauses St. Mary's begraben. Ihr Grab ist leicht zu finden.

Anreise: Haworth liegt ca. 50 km nordöstlich von Manchester, westlich von Bradford, südlich von Keighley und nördlich von Halifax an der A 6033 in der nordenglischen Grafschaft Yorkshire.
Öffnungszeiten: täglich 10-17 Uhr.

»Jede Minute des Tages bringt mir hier neue Freuden« – Winston Churchill in Chartwell

Einen Katzensprung nur von der Steinwüste Londons entfernt liegt in der leicht hügeligen Landschaft Südenglands ein großes Haus, umgeben von einem prachtvollen Park. Von 1924 bis zu seinem Tod 41 Jahre später lebte Winston Churchill zusammen mit seiner Frau Clementine (»Clemmie«) auf Chartwell. Hier schrieb der bedeutendste britische Politiker des 20. Jahrhunderts die meisten seiner 48 Bücher, hier malte er, entwarf seine Reden, bewirtete Besucher, vor allem aber schöpfte er hier die Kraft, Machtpolitik zu betreiben. In der Sicherheit dieses Hauses erholte er sich bei Clemmie, den Kindern, im Atelier und in seinem Garten von den Angriffen seiner persönlichen wie politischen Gegner und sammelte die Munition, mit der er erbarmungslos zurückschoß. Chartwell ist ein wichtiger Schlüssel zum Verständnis dieses Mannes!

Nach Ansicht seines Biographen war Sir Winston Churchill »der einzigartigste englische Staatsmann, ein brillantes, herrisches, hochbegabtes, rücksichtsloses, von Emotionen beherrschtes, großzügiges, skrupelloses, weitblickendes, größenwahnsinniges und heroisches Genie, ein Mann, der unter seinesgleichen Furcht, Verehrung, Zorn und Bewunderung weckt.« Wie verlief das Leben dieses Politikers?

Winston erblickte am 30. November 1874 in der Damengarderobe von Blenheim Palace als erster Sohn von Jenny und Randolph Churchill das Licht der Welt. Der Ort der Geburt war angemessen, denn im Palast von Blenheim – nordwestlich von Oxford gelegen – residierten seit mehr als einem Jahrhundert die Herzöge von Marlborough, zu deren engerer Verwandtschaft Winston zählte. Jenny amüsierte sich gerade prächtig auf einem Ball in Blenheim, als die Wehen sie mitten im Tanz überfielen. Sie wurde ohnmächtig, und Dienstboten trugen sie in den nächstbesten Raum, eine Garderobe, und legten die junge Frau auf die Seidenumhänge und Federboas der geladenen Damen.

Blenheim Palace, die einzige nichtkönigliche Residenz Großbritanniens, die den Namen »Palast« tragen darf, durfte sich John Churchill, 1st Duke of Marlborough, erbauen. Der hatte 1704 im Spanischen Erbfolgekrieg die Franzosen bei dem deutschen Dorf Blindheim (daher der im Deutschen etwas verballhornt klingende Namen des Anwesens) vernichtend geschlagen und damit für mehr als ein Jahrhundert Britanniens Vorherrschaft in Europa gesichert.

Die Mütter der feinen Gesellschaft stillten ihre Kinder nicht selbst, und so trat Elizabeth Anne Everest in das Leben von Winston und sorgte mütterlich für ihren Ziehsohn. Eine zeitgenössische Beobachterin hielt fest: »In seiner einsamen Kindheit und seiner unglücklichen Schulzeit war Mrs. Everest sein einziger Trost; sie gab ihm den notwendigen Rückhalt und das menschliche Verständnis, das er so dringend brauchte. Sie war das wärmende Kaminfeuer, das seine Tränen trocknete. Sie war das Nachtlicht neben seinem Bett.«

Seine Schulzeit war eine Katastrophe. Er gehörte zu den schlechtesten Schülern und wehrte sich vehement gegen den stupiden Unterricht. Die Lehrer verprügelten ihn, und auch seine Altersgenossen brachten ihm wenig Sympathie entgegen. Die Eltern vernachlässigten Winston, und die erhaltenen Briefe zeigen die Einsamkeit des Jungen.

Erst beim dritten Anlauf schaffte er die Aufnahmeprüfung der Militärakademie Sandhurst und trat als Kadett in die Kavallerie ein. Dieses Leben nun sagte Winston zu; statt Latein, Französisch und Mathematik zu pauken, mußte er

Chartwell, Winston Churchills geliebtes Haus in der Grafschaft Kent

sich in Kriegsgeschichte, Strategie und Taktik einarbeiten – und das machte ihm Spaß. Aus dem schwächlichen, kleinen, lispelnden Jungen mit den Minderwertigkeitsgefühlen entwickelte sich ein kämpferischer, starker und selbstbewußter junger Mann.

Sein erster militärischer Einsatz führte ihn als Beobachter zur spanischen Armee nach Kuba, und Winston berichtete als Sonderkorrespondent für den *Daily Graphic* von den dortigen Unabhängigkeitsbestrebungen. Kaum nach England zurückgekehrt, wurde er nach Indien versetzt. Hier nahm er als Kriegsberichterstatter des *Daily Telegraph* und der indischen Zeitung *Pioneer* an den Kämpfen gegen die Afghanen teil und trat durch mutige Aktionen hervor. Im März 1898 erschienen seine gesammelten Artikel als Buch unter dem Titel *The Story of the Malakand Field Force*; am Ende des Jahres waren 8500 Exemplare verkauft, und Winston hatte innerhalb weniger Monate 382 Pfund verdient – das war mehr als sein Leutnantsgehalt für vier Jahre. Der junge Kavallerist stellte erstaunt fest, daß er vom Schreiben leben konnte.

1898 galoppierte er inmitten der letzten großen englischen Kavallerie-Attacke, mit der die Briten im Sudan den religiös motivierten Mahdi-Aufstand niederschlugen. Über den Feldzug schrieb Winston das zweibändige, fast tausend Seiten dicke Werk *The River War*, das trotz des abschrekkenden Volumens sogleich ein Bestseller wurde.

Als nächstes zog es den jungen Karrieristen als Kriegsberichterstatter der *Morning Post* nach Südafrika, wo die Briten gegen die Buren kämpften. So bekannt und als Journalist geschätzt war er nun, daß die Zeitung dem Fünfundzwanzigjährigen die Reisespesen sowie 250 Pfund monatlich zahlte – nach heutiger Kaufkraft eine Summe von rund 8000 DM.

In Südafrika geriet Winston in die Gefangenschaft der Buren, konnte aber fliehen und galt in Großbritannien fortan als Held. Sein Buch *From London to Ladysmith via Pretoria* verkaufte sich bestens und machte ihn noch bekannter. So war es nicht verwunderlich, daß der junge Held bei der kommenden Wahl einen Parlamentssitz erringen konnte. Anfang des Jahres 1901 wurde Winston im Unterhaus vereidigt. Danach »nahm Churchill seinen Sitz auf einer der hinteren Bänke ein, rückte sich den Zylinder in die Stirn, beugte sich in der Haltung des erfahrenen Parlamentariers lässig vor, steckte die Hände in die Taschen und beobachtete aufmerksam die Vorgänge in diesem Raum, der für die folgenden 63 Jahre die Arena seines politischen Wirkens sein sollte«. Er war 26 Jahre alt.

1905 bekam er ein erstes Regierungsamt und wurde zum Unterstaatssekretär für die Kolonien ernannt. Im April des Jahres 1908 wurde Churchill Handelsminister und zog damit – was er lange herbeigesehnt hatte – im Alter von 33 Jahren ins Kabinett ein.

Fünf Monate später heiratete »Amber Pug«, der »bernsteinfarbene Mops«, das zehn Jahre jüngere »Kätzchen« Clementine Hozier.

In den Folgejahren zeichnete Churchill verantwortlich für das Amt des Innenministers und avancierte danach zum Ersten Lord der Admiralität (Marineminister). Hier war es seine Aufgabe, dafür zu sorgen, daß Großbritannien die Überlegenheit zur See behielt. Das Deutsche Reich hatte in den Jahren zuvor eine gigantische Aufrüstungspolitik betrieben und eine schlagkräftige Marine aufgebaut. Churchill erkannte die Zeichen der Zeit und modernisierte die englische Flotte. In die verkrusteten Strukturen des Offizierskorps brachte er neuen Schwung und scheute sich nicht, seine Admiräle derb anzufahren. Als er beschuldigt wurde, gegen die Traditionen der königlichen Flotte zu handeln, erwiderte er: »Und was sind diese Traditionen? Ich werde es

Ihnen mit drei Worten sagen. Rum, Sodomie und die Knute. Guten Morgen, Gentlemen!«

Nachdem er auch diese Aufgabe hervorragend gemeistert hatte, übernahm Churchill schließlich das Kolonialministerium. Parallel zu seinen Aufgaben in der Regierung schrieb er in den Jahren nach dem Ersten Weltkrieg neben seiner fordernden und anstrengenden politischen Arbeit sein mehrbändiges Werk über diesen Krieg, *The World Crisis*.

1924 erhielt Churchill das Amt des Schatzkanzlers und war nun mit einer sehr gewichtigen Stimme im Kabinett vertreten. Ein hochrangiger Konservativer nannte ihn in jenen Tagen einmal den »lustigsten Steuereinnehmer seit Robin Hood«. Es galt als sicher, daß er in Kürze Premierminister werden würde.

1931 kam es aufgrund der britischen Kolonialpolitik in Indien zum Bruch mit seiner Partei, und Churchill reichte seinen Rücktritt vom Amt des Schatzkanzlers ein. Er schien politisch am Ende. Ein Jahr später besuchte eine englische Delegation die Sowjetunion, und Stalin fragte Lady Nancy Astor nach ihm. »Churchill?« antwortete sie fragend, als müßte sie sich erst an den Namen erinnern – »der ist erledigt!«

Die folgenden neun Jahre bekämpfte er die Politik seiner eigenen Partei, war er der einzige, der unermüdlich vor dem Größenwahn Hitlers warnte, aber nicht ernstgenommen wurde.

Mit glänzenden Analysen und wütenden Attacken ging er gegen die Appeasement-(Beschwichtigungs-)Politik Chamberlains vor. (Als er einmal sah, wie vor einer Rede des Premierministers ein Abgeordneter sein Hörgerät lauter drehte, brummte er: »Warum nutzt der Idiot nicht seinen natürlichen Vorteil.«)

1940 dann hatten die Nazis die englische und die französische Armee vernichtend geschlagen, über 300 000 Briten und Franzosen in Dünkirchen zusammengetrieben, und Hitler bereitete sich auf die Invasion in Großbritannien vor. In dieser Situation ernannte Georg VI. den sechsundsechzigjährigen Winston Churchill zum Premierminister. Und das, obwohl er ihn nicht mochte. Der Biograph des Königs notierte: »Es ist aktenkundig, daß er (Georg VI.) zu Roosevelt gesagt hat, daß er nur unter ganz ungewöhnlichen Umständen zustimmen könne, daß Churchill zum Premierminister gemacht wird.« Sein Vorgänger, Edward VII., konnte dem Mann ebenfalls wenig abgewinnen und äußerte einmal, »wie treffend doch Winston Churchills Initialen – W. C. – sind«.

Während seiner ersten Radioansprache aus dem Parlament hörten die Briten die berühmten Worte: »Ich habe Ihnen nichts anderes zu bieten als Blut, Mühsal, Tränen und Schweiß.« Und anstatt Friedensverhandlungen mit den Nazis aufzunehmen, wie es einige Politiker der Torys verlangten, hörten die Engländer von Churchill: »Wenn auch weite Gebiete in Europa und viele alte ehrwürdige Staaten in die Klauen der Gestapo geraten sind und von den verabscheuungswürdigen Nazis beherrscht werden oder in Zukunft in diese Lage geraten sollten, werden wir nicht wanken und nicht weichen. Wir werden bis zum Ende durchhalten. Wir werden auf den Meeren und Ozeanen kämpfen, wir werden mit zunehmender Zuversicht und Stärke in der Luft kämpfen, wir werden unsere Insel verteidigen, was es auch kosten möge, wir werden an der Küste kämpfen, wir werden auf den Landeplätzen kämpfen, wir werden auf unseren Feldern und Straßen kämpfen, wir werden in den Bergen kämpfen; wir werden niemals kapitulieren.«

Churchill gab den Briten nach dem Debakel von Dünkirchen die Zuversicht und das Selbstvertrauen zurück, rüstete seine Landsleute moralisch auf und machte ihnen Mut.

Churchill vor seinem Londoner Haus in den 30er Jahren

Wohl zum erstenmal in seinem Leben hatte er eine immense Rückendeckung. Als ein pazifistischer Parlamentarier im Unterhaus eine Abstimmung erzwang, ob Churchill Premierminister werden sollte, ergab die Auszählung ein Stimmenverhältnis von 380 : 0; der Pazifist hatte sich selbst noch umgestimmt. Es war ganz ohne Zweifel Churchill, der Hitler besiegte!

Nach Kriegsende wählten die Briten überraschend ihren Kriegspremier ab, doch 1951, im Alter von sechsundsiebzig Jahren, kehrte er nach Downing Street zurück. Einundachtzigjährig gab er aus Altersgründen das Amt auf, blieb aber als Abgeordneter im Unterhaus. 1953 erhielt Churchill den Nobelpreis für Literatur. Zwischen 1948 und 1955 erschienen seine *Erinnerungen* in sechs Bänden, zwischen 1956 und 1958 kam eines seiner bekanntesten Werke, die vierbändige Ausgabe *Geschichte der englischsprechenden Völker*, auf den Markt.

Am 24. Januar 1965 starb Sir Winston Churchill im Alter von neunzig Jahren in London. Begraben wurde er auf dem Friedhof des Weilers Bladon, ganz in der Nähe seines Geburtsortes Blenheim Palace. Am Eingang von Westminster Abbey in London, neben dem Grabmal des unbekannten Soldaten, erinnert eine in den Boden eingelassene Metallplatte an den großen Politiker.

Zum ersten Mal sah Churchill sein zukünftiges Heim 1921, als es mit 324 Hektar umgebendem Land zum Verkauf stand. Weniger das Anwesen als vielmehr die Aussicht faszinierten ihn sofort. Von Chartwell schweift der Blick über die sanft gewellten, grünen Hügel der Wealds of Kent – wie diese anmutige Landschaft genannt wird. Nahe dem Gebäude entspringt eine klare Quelle, die Chart Well, die dem Anwesen seinen Namen gab (und die später den Swimmingpool der Churchills füllen sollte). Auch Clemmie war begeistert – vom Ausblick wohlgemerkt, nicht vom Haus, das sie »irredeemably ugly« – rettungslos häßlich – fand. Churchill betonte mehrfach, daß er Chartwell nur wegen der Aussicht gekauft hatte. Neben dem ansprechenden Blick auf die grünen Wiesen und Wäldchen des Weald mögen ihn vielleicht auch die historischen Reminiszenzen eingenommen haben, denn es heißt, daß Heinrich VIII. hier nächtigte, wenn er auf dem nahe gelegenen Hever Castle um die Gunst von Anne Boleyn buhlte. Wichtiger aber war wohl, daß Chartwell nur 37 km vom Londoner Westminster, also von den »Korridoren der Macht«, entfernt lag. Doch ach, was nützte das alles, Churchill, sein Leben lang in Finanznöten, hatte kein Geld.

Ende desselben Jahres jedoch machte er eine Erbschaft, die ihm ein Einkommen von 4000 Pfund jährlich sicherte, und seine englischen und amerikanischen Verleger zahlten ihm die für damalige Verhältnisse gewaltige Summe von 22 000 Pfund für *The World Crisis*, den ersten Band seiner Geschichte des Ersten Weltkriegs.

Chartwell stand immer noch zum Verkauf, jetzt gehörten jedoch nur noch 32 Hektar Land dazu, was den Kaufpreis stark drückte; Churchill, 48 Jahre alt, zahlte 5000 Pfund, wenig im Vergleich zu den anstehenden Renovierungskosten. Der Architekt Philip Tilden, spezialisiert auf die Modernisierung alter Landsitze, baute unter ständigem Druck von Churchill das Haus aus. »Keiner meiner Kunden hat mir je soviel Probleme bereitet und gleichzeitig mit so viel Interesse am Fortgang der Arbeiten teilgenommen wie Mr. Churchill«, stöhnte der Architekt – nur mühsam um Höflichkeit bemüht – noch Jahre später. Um zusätzlichen Platz zu schaffen und um möglichst viele Räume mit der Aussicht auf den Weald auszustatten, kam ein großer neuer Flügel hinzu, den der stolze Hausbesitzer – um Übertreibungen nie verlegen – sogleich »my promontory«, mein Vorgebirge, nannte.

Doch Chartwell erwies sich als ein Faß ohne Boden, von geschätzten 7000 Pfund konnte schon bald keine Rede mehr sein, die Summe stieg rasch auf das Doppelte, und nachdem schließlich 18 000 Pfund aufgelaufen waren, schrieb Churchill am 17. April 1924 endlich an Clemmie: »Dies ist der erste Brief, den ich in unserem Haus in Angriff nehme, und es gehört sich, daß ich ihn an Dich schreibe.«

Churchill war von seinem Heim begeistert, nirgendwo fühlte er sich wohler. »Chartwell, ungeachtet der Schwierigkeiten und Kosten bei der Renovierung, ist ein sehr charmantes und angenehmes Landhaus«, beteuerte er ein ums andere Mal. Und das ist es in der Tat! Steht man einige Meter entfernt im Garten, so steigt von einem kleinen Plateau ein ziegelroter Bau mit vielen Ecken, Kanten und Kaminen in die Höhe, dessen Farbe angenehm mit dem Grün des Rasens und dem Blau des Himmels kontrastiert. Verständlich der berühmte Satz von Churchill: »Jeder Tag, an dem ich nicht in Chartwell bin, ist ein verlorener Tag. Jede Minute des Tages bringt mir hier neue Freuden.«

Während sich Clemmie um die Inneneinrichtung kümmerte, ging Winston den Garten an und begann sogleich damit, das Herzstück eines jeden Parks, die Seen, ausbaggern zu lassen. Er pflanzte, säte, errichtete Pavillonmauern, und wäre er nicht Politiker, Schriftsteller und Maler gewesen, so hätte er als Garten- und Landschaftsarchitekt sein Geld verdienen können.

Steht man auf der großen Terrasse oder schaut aus den Fenstern gen Osten, so schweift der Blick über die große, sanft abfallende Rasenfläche hin zu den beiden Seen, zum Upper und zum Lower Lake, und darüber hinaus bis zum Horizont auf die Wälder und Wiesen des Weald. Schwarze australische Schwäne, für die Churchill eine Schwäche hatte und die sich auf vielen seiner Landschaftsbilder finden, sowie chinesische Enten schwimmen schnatternd auf den beiden Seen. Im Lower Lake, dem größeren der beiden Gewässer, gibt eine kleine, von Bäumen bestandene Insel dem suchenden Auge Halt. Der Goldfischteich hinter dem Rosengarten, nördlich vom Haus, ist der lieblichste Ort des gesamten Parks, ein magischer Platz, wie Churchill diesen Fleck nannte. Rund um das Ufer wachsen Bambus, Ahorn, Hortensien und als Bodendecker Cotoneaster. Ein weißer Gartenstuhl markiert den Ort, an dem der altgewordene Churchill in seinen letzten Lebensjahren im Sommer in der Sonne saß und von hier die fetten Goldfische fütterte.

Zwei dichte Hecken geleiten den Besucher von der Terrasse zum südlichen Schmetterlingshaus, welches Churchill, der die bunten Falter über alles mochte, in Absprache mit einem Experten anlegen ließ. Von dort gelangt man über den Golden Rose Walk, einen von gelben Rosenbüschen flankierten Weg, zum alten Küchengarten, der einmal den Churchillschen Haushalt mit frischem Gemüse und mit Kräutern versorgte. Nahebei ließ Clemmie eine kleine Terrasse anlegen, denn von hier aus hat man einen schönen Blick auf den Weald und über den Rosenweg auf das Haus. Vor Churchills Atelier schließlich erstreckt sich der Obstgarten von Chartwell, in dem hauptsächlich Apfel- und Birnbäume wachsen.

Der Rosenweg übrigens – »The Golden Rose Walk« – war ein Geschenk der Kinder zur Goldenen Hochzeit der Eltern im Jahr 1958. Die Ehe von Clemmie und Winston war überaus harmonisch, und Churchill bekannte einmal: »Ich heiratete und war fortan für immer glücklich.« Da das freudige Ereignis in den September fiel und der Herbst nun nicht gerade die richtige Zeit für die Anlage eines Rosenweges ist, hatten sich Randolph, Sarah, Diana und Mary etwas Besonderes einfallen lassen. Die vier baten befreundete Künstler – darunter den französischen Maler Paul Maze, die Bloomsbury-Künstler Vanessa Bell und Duncan Grant, weiterhin

Walter Sickert (ein Freund von Clemmie), Ben Nicholson und Augustus John – um Zeichnungen und Aquarelle des geplanten Rosenweges. Die Bilder wurden zu einem großformatigen Buch gebunden, das dann den Eltern zu ihrem Festtag überreicht wurde. Dieses Bilderbuch ist heute im Eßzimmer von Chartwell zu besichtigen. Im folgenden Frühjahr schließlich wurde der Golden Rose Walk angelegt und mit 32 unterschiedlichen Rosenarten bepflanzt.

Trotz der Anspannung in der Politik und seinen schriftstellerischen Tätigkeiten, mit denen er dringend benötigtes Geld in den Haushalt brachte, vergaß Churchill nie seine Kinder und verbrachte soviel Zeit wie möglich mit ihnen. Winston selbst hatte eine unglückliche Kindheit gehabt, so tat er alles, um Diana, Randolph, Sarah und Mary glücklich zu sehen. Beim Essen imitierte er gerne einen Gorilla, was die vier Kleinen mit freudiger Angst erfüllte, nach dem Dinner führte er oft ein spontanes Ein-Personen-Stück auf, das er sich beim Dessert ausgedacht hatte, oder erzählte mit seiner überbordenden Phantasie eine packende Geschichte – da saßen die vier Kleinen und hörten mit offenen Mündern zu. Für die drei Älteren baute er ein Baumhaus, die kleine Mary bekam ein winziges Steinhäuschen im Garten, genannt Marycot – es steht noch immer.

Churchill liebte den Luxus und die Bequemlichkeit, und um beides zu haben, benötigt man Domestiken. So gab es im Haushalt acht Dienstboten, dazu drei Gärtner, einen Chauffeur, einen Pferdeburschen und einen Gutsverwalter. Die monatlich zu zahlenden Gehälter stürzten Clemmie mehr als einmal in tiefe Sorgen, während das Ploppen oben im Arbeitszimmer anzeigte, daß Winston eine neue Flasche Champagner geöffnet hatte. Mit Geld konnte er nicht umgehen, und so mußte er zeit seines Lebens schreiben, um die hohen Ausgaben für Chartwell und seinen aufwendigen Lebensstil ausgleichen zu können.

Aufgrund irgendeiner verrückten Idee kaufte er Schweine, Rinder, Enten und Gänse und versuchte sich als Hobbyfarmer. Natürlich wurde daraus nichts; seine ausgeprägte Tierliebe ließ das Schlachten eines Schweines nicht zu, und so wurden alle Tiere für die Kinder und ihn geliebte Alltagskameraden. Als Clemmie einmal im Zuge ihrer Sparmaßnahmen eine selbstgeschlachtete Gans auf den Tisch brachte, reichte ihr Winston mit feuchten Augen die Geflügelschere: »Zerteil du sie, du weißt ja, sie war meine Freundin!« Während der abendlichen Fernsehstunden in Chartwell lag immer Winstons Pudel auf seinem Schoß; als im Film einmal ein Hund von einem Auto überrollt wurde, legte er Rufus die Hand über die Augen und sagte: »Sieh nicht hin, mein Liebling, ich erzähle dir später alles.« 1942, in den schwärzesten Kriegstagen, starb eine seiner Katzen, und Clemmie hielt das Ereignis so lange geheim, wie sie nur konnte.

Regelmäßig war Besuch im Haus; Lawrence von Arabien kam mit seinem Motorrad – gewöhnlich in atemberaubendem Tempo – von seinem Refugium Cloud's Hill angerast; dann legte er sich ein Tischtuch um den Kopf und spielte sehr zum Vergnügen der Kleinen einen Beduinen. Auch Charlie Chaplin kam, wenn er in England war, griff sich dann einen der vielen Spazierstöcke aus der Eingangshalle und gab Kostproben seines Talents zum besten.

Churchills normaler Tagesablauf in Chartwell sah folgendermaßen aus: Gegen 7.30 Uhr verlangte er nach seinem Frühstück, einem kompletten English Breakfast, das zusätzlich noch mit Roastbeef angereichert war; dabei las er die Tageszeitungen. Danach, noch im Bett, diktierte er einer seiner beiden Sekretärinnen Briefe, Artikel, Buchpassagen, Redeentwürfe, alles, was gerade anlag. Gegen 11 Uhr stand er auf, nahm ein Bad, kleidete sich an und spazierte dann im Garten umher – Schweine streichelnd, Rinder zwischen den Hörnern kraulend, Fische und Schwäne fütternd, das

Chartwell befindet sich heute im Besitz des National Trust

Schnattern von Enten und Gänsen imitierend und Stöckchen werfend für Pudel Rufus. Dann nahm er seinen ersten Whiskey, und um 13 Uhr versammelte sich die Familie mit ihren Gästen zum Lunch. Hier öffnete Winston eine erste Flasche Champagner, nach dem Essen gab es während der angeregten Diskussionen Portwein, Cognac und natürlich die eine oder andere Zigarre. Als legendär galt Winstons Fähigkeit, große Mengen Cognac katerfrei zu konsumieren und das, obwohl dieser Sprit Fuselöle mit einem Anteil von 0,24 % besitzt. Zechte er aber Wodka, mit 0,01 % Begleitstoffen ein wesentlich reinerer Brannt, dann lag er fast komatös danieder. Spät, meistens erst um 15.30 Uhr, erhoben sich Gastgeber und Gäste vom Tisch. Dann spielte Winston mit den Kindern, überwachte Arbeiten im Garten oder baute an einer Mauer (er zog so viele Mauern in Chartwell hoch, daß die Maurergewerkschaft ihm die Mitgliedschaft anbot). Um fünf Uhr nachmittags legte er sich für eineinhalb Stunden schlafen, wachte erfrischt um halb sieben auf und nahm ein zweites Bad. Nun war die Zeit für das Dinner gekommen; angeregt knüpften Besucher, Clemmie und Winston an die mittägliche Unterhaltung an, und unter stetigem Nachschub von Champagner, Cognac, Portwein und Zigarren ging es so bis Mitternacht. Churchill eilte dann hurtig hoch in sein Arbeitszimmer und diktierte noch zwei Stunden. Danach legte auch er sich schlafen. Rund fünfzehn Manuskriptseiten produzierte er in diesen regelmäßigen Nachtsitzungen, wobei er sich auf das Material stützte, das ihm seine beiden Assistenten aufbereitet hatten. Nicht selten verlangte er bereits am nächsten Morgen die abgeschriebenen Seiten, um den Text ein erstes Mal zu redigieren. Immer wieder ging er mit beispielloser Genauigkeit und mit einem an Manie grenzenden Perfektionswahn die Seiten durch, und selbst wenn der Text vom Verlag bereits vollständig abgesetzt war, gab es Zeiten, wo er sich noch sechs (!) weitere Korrekturdurchgänge erlaubte. Lektoren müssen an ihm verzweifelt sein.

Hier sollte noch einmal daran erinnert werden, daß Churchill – obwohl er keine Romane, sondern Sachbücher schrieb – 1953 mit dem Nobelpreis für Literatur geehrt wurde.

Neben seiner brillanten Redegabe besaß er Humor, Schlagfertigkeit, eine vernichtende Bösartigkeit und wußte um sein Bild in der Öffentlichkeit. »Ist es nicht erregend für Sie, Mr. Churchill«, so wurde er einmal gefragt, »zu wissen, daß jeder Saal, in dem Sie sprechen, überfüllt ist?« Churchill antwortete: »Das ist sehr schmeichelhaft, aber immer, wenn ich mich so geschmeichelt fühle, denke ich daran, daß doppelt so viele Menschen gekommen wären, wenn ich nicht eine politische Rede gehalten hätte, sondern aufgehängt worden wäre.« Eine Parlamentsabgeordnete, der Winston eines Abends auf einem Korridor der Houses of Parliament leicht schwankend und mit einer kolossalen Alkoholfahne über den Weg lief, fauchte ihn an: »Mr. Churchill, Sie sind ja völlig betrunken.« »Und Sie, Madame«, gab Churchill zurück, »sind sehr häßlich. Aber ich werde morgen wieder nüchtern sein.« Lady Astor, die erste Frau im Unterhaus, war eine seiner schärfsten Kritikerinnen. Bei einem offiziellen Abendessen ging sie ihn einmal an: »Winston, wenn ich Ihre Frau wäre, würde ich Ihnen Gift in die Suppe tun.« Churchill antwortete: »Nancy, wenn ich Ihr Mann wäre, würde ich sie essen.« Als Churchill eines Tages eine Toilette von Westminster betrat, traf er dort Clement Attlee, den Führer der Labour Party (und sein Nachfolger im Amt des Premierministers). Churchill stellte sich am entgegengesetzten Ende von Attlee ans Pissoir. Attlee sagte: »Sie haben wohl Angst vor mir!« »Jawohl«, antwortete Churchill, »denn immer wenn sie etwas Großes sehen, wollen Sie es verstaatlichen!« Aber Attlee genoß die Häme des Premier-

Winston Churchill im Garten von Chartwell 1955

ministers und späteren Oppositionsführers und wußte sich von dem politischen Gegner geachtet. Als Attlee auf offiziellem Besuch in Moskau war, verspottete Churchill die führerlose Masse der Labour-Abgeordneten: »Wenn die Maus aus dem Haus ist, dann tanzen die Katzen auf den Tischen.«

Während des Krieges kamen die Churchills kaum nach Chartwell, das Haus wurde regelrecht eingemottet. Als alles vorbei war, beraumte Clemmie ein Großreinemachen an, und Winston, jetzt nur noch einfacher Unterhausabgeordneter, nahm seinen gewohnten Tagesablauf in Chartwell wieder auf.

Wieder einmal gab es Geldprobleme. Dienstboten waren kaum noch zu bezahlen, das große Haus konnte jedoch nicht ohne auskommen. Darüber hinaus verschlangen allein die Instandhaltung und die laufenden Kosten ein Vermögen. Die Churchills waren kurz davor, ihr geliebtes Heim verkaufen zu müssen. Doch da sprang eine Gruppe anonymer Bankiers ein und übernahm den gesamten Unterhalt von Chartwell; nach dem Tod von Churchill sollte das Haus dann an den National Trust fallen. Die Namen der Spender finden sich heute in eine Metallplatte an der Terrassenmauer eingraviert.

Ohne die Sorgen für den Unterhalt an dem großen Haus machte sich Churchill wieder an seine Buchprojekte und an seine Malerei – eine weitere Profession, in der er es weit brachte. Im Alter von 41 Jahren, mitten in einer tiefen Depression, hatte er auf Anregung von Freunden mit dem Malen angefangen und schnell festgestellt, daß er sich vor einer Staffelei physisch wie psychisch außerordentlich schnell erholen konnte. Befreundete Künstler gaben ihm Hinweise und leiteten ihn an oder stellten ihm für einige Zeit ihre Bilder zur Verfügung, damit er sie kopieren und dabei lernen konnte. Churchill verließ das Haus bald nicht mehr ohne seine Pinsel und Farben. Selbst als er im Ersten Weltkrieg für kurze Zeit in den flandrischen Schützengräben lag, malte er – und das unter Granatenbeschuß. 1925 gab er ein Bild einer Ausstellung von Amateurmalern; alle Gemälde waren unsigniert, die Hobby-Künstler blieben anonym; die Jury sprach Churchill den ersten Preis zu. 1947 hatte er wieder einen großen Erfolg als Maler: unter dem Pseudonym David Winter schickte er drei Bilder an die Royal Academy; alle drei wurden akzeptiert. Kurz danach nahm man ihn als Honorary Academician Extraordinary in die Royal Academy auf, und wie alle anderen Akademie-Maler stellte auch er bei den jährlichen Summer Exhibitions seine Werke aus. 1959 ehrte ihn die Royal Academy mit einer Einzelausstellung. Über 500 Bilder von Churchill sind erhalten, davon befinden sich 125 in Chartwell. In seinem kleinen Büchlein *Malen als Zeitvertreib* schreibt Churchill: »Glücklich sind die Maler, denn sie sind nie einsam. Licht und Farbe, Frieden und Hoffnung begleiten sie bis ans Ende ihrer Tage.« Und wer sich genauer über den Maler Churchill informieren möchte, der sollte zum Buch seiner jüngsten Tochter Mary Soames greifen: *Winston Churchill – His Life as a Painter*.

Versäumen Sie also nicht, nach der Besichtigung des Hauses einen Blick in Churchills Gartenatelier zu werfen.

Für den Besucher vom Kontinent ist es faszinierend zu sehen, mit welcher Ehrfurcht die Briten auch heute noch Churchills Heim besichtigen. Jung und Alt erstarren gleichermaßen vor Respekt, im Haus herrscht eine fast schon sakrale Atmosphäre. Vor Bewunderung für den großen Politiker trauen sich die Besucher nur zu flüstern, und mit großem Interesse werden öffentliche wie private Fotos studiert und murmelnd kommentiert, werden Bilder angeschaut und die Titel auf den Buchrücken leise vorgelesen. Fast schon rührend ist es zu beobachten, wie die Besucher in der Eingangshalle aus einem großen Schirmständer den einen oder anderen Spazierstock aus der großen Sammlung herausziehen und mit der Hand ehrfürchtig über den Knauf oder den Stock streichen. Chartwell ist auch mehr als 30 Jahre nach Churchills Tod ein nationales Wallfahrtsziel, zu dem Besucher aus allen gesellschaftlichen Schichten in einhelliger Bewunderung für den großen Politiker, Schriftsteller und Maler pilgern.

In der Eingangshalle liegt das Gästebuch aus, in das sich alle Besucher eintrugen und das die Churchills seit ihrem Einzug in Chartwell führten. Das Gemälde mit der Buddha-Statue malte Churchill 1948, und von William Nicholson stammt das monochrome Bild der Eingangstür von Chartwell. Nicholson unterrichtete Churchill in den dreißiger Jahren in der Kunst der Malerei und bewunderte »die kühne und piraterische Art, mit der er die Leinwand attackierte«. In der Lobby finden wir eine Holzkohlenzeichnung von John Singer Sargent aus dem Jahr 1925, die Churchill in der Robe des Schatzkanzlers zeigt.

Einer der drei wichtigsten Räume des Hauses ist das große Wohnzimmer, in dem abends die Familie mit ihren Freunden und Gästen zusammensaß. Dieser Raum gehört zum östlichen Flügel, der von dem Architekten Philip Tilden vergrößert wurde und den Churchill als sein »Promontory« bezeichnete. Fenster auf drei Seiten des Raumes lassen Licht und Luft hinein und versorgten die Gäste mit prachtvollen Aussichten auf die Weald genannte hügelige Landschaft. Bequeme Polstersessel, Sofas, Couch- und Beistelltische schaffen zusammen mit den Büchern und den Bildern eine gemütliche Atmosphäre. Hier hängt ein hinreißendes Bild von Clemmie, das der amerikanische Künstler Douglas Chandon 1946 von der Zweiundsechzigjährigen malte. Über dem Kamin findet sich *Colonel II.*, Churchills letztes Pferd, ein Gemälde des französischen Malers Raoul Millais aus dem Jahr 1951. Von Claude Monet stammt *Charing Cross Bridge*, das unvollendet ist und das Monet möglicherweise aus dem Gedächtnis in seinem Atelier in Giverny malte. Alle anderen Bilder in diesem Raum stammen von Churchill. Rechts von der Eingangstür steht eine kleine Marmorbüste von Napoleon. Churchill besaß eine umfangreiche Bibliothek über den Korsen; nach seinem Tod vermachte Clemmie sämtliche Bücher über Napoleon dem Churchill College in Cambridge.

Die Bibliothek ist für einen Autor von der Bedeutung Churchills erstaunlich klein, und man würde viele tausend Bücher mehr erwarten. Auf dem kleinen, zerbrechlich wirkenden Schreibtisch findet der Besucher ein signiertes Porträtfoto von König Georg VI. sowie das offizielle, von Cecil Beaton aufgenommene Krönungsfoto der jungen Königin Elisabeth II., das ebenfalls signiert ist. Die Ikone *Johannes der Täufer* bekam Churchill vom Erzbischof Damaskinos, dem Oberhaupt der griechisch-orthodoxen Kirche, in Athen im Winter 1944, kurz nach dem Abzug der Deutschen, überreicht. Von Frank O. Salisbury stammt das Bild von Churchill, das 1942 gemalt worden ist und ihn in den dunkelsten Kriegstagen zeigt. Jo Davidson schuf die Büste des amerikanischen Präsidenten Franklin Delano Roosevelt, Churchills Verbündetem im Zweiten Weltkrieg.

An den Wänden des Treppenhauses hängen viele Karikaturen, die Churchills politischen Lebensweg dokumentieren und die von den Zeichnern David Low und E. H. Shepherd gezeichnet wurden.

Nachdem der Besucher im ersten Stock das Schlafzimmer von Clemmie, den Korridor, den Museums- und Uniformraum durchwandert hat, gelangt er in das »Allerheiligste« von Chartwell – Churchills Arbeitszimmer. Den Mahagoni-Schreibtisch hatte Churchill von seinem Vater geerbt, und darauf befinden sich heute eine ganze Anzahl Fotos und zwei kleine Büsten. Unter anderem Mary Churchill (Lady Soames), Churchills jüngste Tochter, ein Foto des südafrikanischen Premierministers Jan Smuts, Clemmie, aufgenommen 1940, als sie den Flugzeugträger HMS Indomitable einweihte, eine Miniatur von Lord Randolph, Churchills Vater, eine Porzellanbüste von Napoleon, Winston Churchill und Clementine Hozier bei ihrer Verlobung, eine Porzellanbüste des Seehelden Lord Nelson.

Über dem Kamin hängt ein Union Jack; dieses Exemplar von Großbritanniens Nationalfahne wehte am 5. Juni 1944 über Rom und war die erste britische Flagge, die über einer befreiten Hauptstadt im Wind flatterte; Feldmarschall Alexander machte sie Churchill zum Geschenk. Weiterhin finden wir ein Duplikat von Churchills Standarte als Knight of the Garter und schließlich seine Standarte als Lord Warden of the Cinque Ports (der Befehlshaber der fünf wichtigsten spätmittelalterlichen Häfen, ein jahrhundertealter Titel). Zwischen den Bücherregalen findet sich eine Tintenzeichnung von Churchills Vater, Lord Randolph, die Alfred Johnson angefertigt hat. Über der Tür zum Treppenhaus hängt ein Gemälde von John Lewis Brown, das zwei Kavallerie-Offiziere zeigt, signiert und datiert 1875. Über der Tür zum Schlafzimmer findet sich eine Schiffsszene aus der holländischen Schule des 19. Jahrhunderts. Neben dieser Tür finden wir ein Foto von Elisabeth II., als die junge Königin zum erstenmal das Parlament eröffnete. Darunter hängt ein weiteres Gemälde von Lord Randolph Churchill als Schatzkanzler und daneben eine kleine Tintenzeichnung, die Churchill von hinten zeigt und von seiner Tochter Sarah angefertigt wurde. Über dem Kamin befindet sich ein großes Gemälde der englischen Schule, das um 1770 gemalt wurde und Churchills Geburtsort Blenheim Palace zeigt. Rechts vom Feuerplatz erkennen wir eine rotschwarze Kreidezeichnung, die Churchill im Profil zeigt und ebenfalls von Sarah gemacht wurde. Weiterhin hängt hier je ein Foto von Franklin Delano Roosevelt und König Georg VI. Über der Tür in der rechten Ecke des Arbeitszimmers haben wir das Porträt eines jungen Mädchens, das ebenfalls der englischen Schule des 19. Jahrhunderts zugerechnet wird, sowie das Bild von Jennie Jerome, Lady Randolph Churchill, gemalt von John Singer Sargent. Auf dem letzten Gemälde schließlich erkennen wir Clemmie, die von Sir John Lavery während des Ersten Weltkiegs porträtiert wurde. Lavery schulte Churchill in dieser Zeit im Gebrauch von Ölfarben.

Anreise von London: Chartwell liegt knapp 40 km südlich von London und 10 km westlich des Landstädtchens Sevenoaks beim Dörfchen Westerham (ausgeschildert).
Öffnungszeiten: April bis Oktober Di.-Do. 12-17.30, Sa./So. 11-17.30; November bis März Mi., Sa., So. 11-16.30 Uhr.

»Ein guter friedlicher Platz« – Rudyard Kipling in Bateman's

»Als wir es das erste Mal sahen, sagten wir: Das ist es, nur dies! Wir traten ein und spürten den Geist, einen guten. Wir gingen durch jeden Raum und fanden keine Schatten vergangener Trauer, keinen erstickenden Kummer und keine Bedrohung.« So beschrieb Kipling später den ersten Eindruck, den er und seine Frau Carrie von Bateman's hatten. Erfüllen konnten sich die beiden ihren Traum allerdings nicht sofort, über zwei Jahre erstreckten sich die Verhandlungen, dann aber, im September 1902, zogen die Kiplings in ihr Wunschhaus ein. Der stolze Besitzer schrieb an einen engen Freund in Massachusetts: »Wir sind nun die rechtmäßigen Eigentümer eines grauen, mit Efeu bewachsenen Steinhauses – A. D. 1634 über der Tür –, mit alten Holzbalken und Paneelen, mit einem alten eichenen Treppenhaus, alles unberührt und echt. Ein guter und friedlicher Platz auf terrassierter Rasenfläche nahe eines Gartens mit alten roten Ziegelmauern, zwei fettköpfigen Darrehäusern mit einem Bauch aus roten Ziegeln und einem betagten silbergrauen Windfähnchen auf der Spitze.«

Für das Haus, mehrere Wirtschaftsgebäude und fast 14 Hektar Land zahlten die Kiplings 9300 Pfund. Es gab kein Badezimmer, kein fließendes Wasser im oberen Stock und keine Elektrizität. Das tat der Begeisterung wenig Abbruch. »Wir haben es geliebt, seitdem wir es zum erstenmal gesehen haben«, schrieb er in jenen Tagen. Da war er sechsunddreißig Jahre alt.

Schon zuvor hatte er sich nach einem »richtigen Haus« gesehnt, in dem »ich mich meinem Lebensunterhalt widmen kann«. Ein Refugium wollte er haben, einen geschützten sicheren Hafen, abseits eines lärmenden Dorfes oder einer lauten Straße, ein einsames Haus, eingebettet in die grüne, bewaldete, hügelige englische Countryside. Und aus dieser Landschaft, die Kipling so mochte, stammten auch die Baumaterialien des Anwesens – was nicht unwichtig für den neuen Eigentümer war. Die großen Quadersteine des Hauses kamen aus einem Steinbruch, der noch zum Grundstück gehörte, die Ziegel und die Kaminrohre auf dem Dach waren aus dem Ton der South Downs gebrannt, die Schieferplatten des Daches stammten ebenfalls aus der unmittelbaren Umgebung, und das Treppenhaus sowie die Wandvertäfelungen waren aus den mächtigen Eichen der Region gearbeitet, die im Volksmund auch verniedlichend »Sussex-Kraut« genannt wurden. Vom Stolz Kiplings, Bateman's sein eigen zu nennen, zeugen auch die kurz nach dem Einzug von ihm in den Sandstein des Eingangsportals eingravierten Initialen der Familienmitglieder – RK (Rudyard Kipling), CK (Carrie), EK (Elsie) und JK (John) sowie die Buchstaben eines bisher nicht identifizierten Freundes, CM.

Sofort nach dem Kauf begannen die neuen Besitzer damit, das Haus umbauen zu lassen, Stromleitungen zu legen, Bäder einzubauen, eines der Darrehäuser in eine Gärtnerwohnung umzuwandeln, die Küche zu erweitern und so fort. Schon im November 1903, ein gutes Jahr nach dem Erwerb von Bateman's, kauften Rudyard und Carrie weitere 20 Hektar Land, im folgenden September kamen wiederum 6,5 Hektar hinzu. Bis 1928 hatten insgesamt 14 Landkäufe das Anwesen auf über 121 Hektar vergrößert. Durch die Ländereien plätscherte das Flüßchen Dudwell, und zu den schon vorhandenen Gebäuden gesellte sich nun noch eine Mühle (die heutzutage ebenfalls zu besichtigen ist). Kipling, der seine Privatsphäre über alles schätzte, wollte mit diesen Grundstückskäufen einen größtmöglichen Puffer zwischen sich und die Außenwelt legen. Davon zeugt auch ein Zitat aus seinen Erinnerungen »Something of Myself«, wo es heißt: »Die Magie, siehst du, liegt in einem Ring oder innerhalb eines umzäunten Bereiches, in den du dich flüchten kannst.«

Die Mühle übrigens datiert von 1750, doch Kipling behauptete, »daß ich Besitzer eines alten Hauses mit einer Wassermühle aus dem Jahr 1196 bin«. Kein Mensch weiß, woher er dieses Datum hatte. Einige Zeit später erklärte er, »daß die Mühle das *Doomsday Book* vorwärts und rückwärts kennt« und das rotierende Wasserrad ein Geräusch mache wie »Book – Book – Doomsday Book« (Das *Doomsday Book* ist ein mittelalterliches Latifundienverzeichnis). Wir können vermuten, daß ihn dieses lautmalerische Wortspiel dazu veranlaßt hat, das Baudatum der Mühle um etliche Jahrhunderte vorzuverlegen.

Von diesem gesicherten Lebenszentrum aus begann Kipling sein unbekanntes Mutterland zu erkunden. In dem schon oben erwähnten Brief heißt es: »Wir entdecken England, was wir vorher nie getan haben. England ist ein wundervolles Land. Es ist das schönste aller fremden Länder, in denen wir je waren. Es besteht aus Bäumen und grünen Feldern, aus Matsch und dem Kleinadel und zu guter Letzt bin ich auch einer dieses Standes.«

Um diese Worte richtig einschätzen zu können, muß man wissen, daß Kipling bisher ein höchst unstetes Wanderleben geführt hatte. Geboren wurde er am 30. Dezember 1865 in Bombay. Seine Eltern hatten im März desselben Jahres geheiratet, und da der Segler, der die beiden nach Indien bringen sollte, unerwarteterweise einen Tag früher als geplant ablegte, hasteten die frischgebackenen Eheleute nach der Zeremonie von der Kirche zum Hafen. Klein Rudyard wuchs in typisch kolonialer Atmosphäre auf, immer umgeben von Dienstboten, mit denen er Küchen-Hindustani, die Lingua Franca Nordindiens sprach. Später erinnerte er sich an die häufig gehörte Ermahnung der indischen Domestiken: »Sprich Englisch, wenn du zu Mama und Papa ins Wohnzimmer gehst.« Als »lesser breed« – nicht aus einem guten Haus stammend – beurteilte er später alle nicht in England geborenen Briten.

1871 kam der Kleine nach England ins Internat – in das Haus der Trostlosigkeit, wie er es später nannte – und sah die Eltern für die kommenden sechs Jahre nicht. Er war zutiefst unglücklich! Von 1878 bis 1882 dann besuchte er das United Services College in Westward Ho (Südwestengland). Armeeoffiziere hatten diese Schule gegründet, um ihren Söhnen eine entsprechende Ausbildung für die Militärakademie Sandhurst zu ermöglichen. Hier fühlte er sich zwar ein wenig besser, war aber immer noch weit entfernt davon, glücklich zu sein. Da die Schule ihre Eleven auf eine Militärkarriere vorbereitete, gehörte Sport in allen Variationen zum Unterricht, der junge Rudyard jedoch blieb aufgrund seiner extremen Kurzsichtigkeit von allen körperlichen Disziplinen befreit. Er war der einzige im Internat, der eine Brille trug, und seine Mitschüler hänselten ihn unermüdlich.

Mit siebzehn Jahren ging er zurück nach Indien und fand eine Anstellung als Journalist bei der *Civil and Military Gazette* in Lahore. In dem Band *Seven Years Hard* hat Kipling seine Zeit in Indien beschrieben. 1889 zog er nach London, begann mit seiner literarischen Karriere und machte sich erstaunlich schnell einen Namen in der Welt der Bücher. Nach der Hochzeit mit der Amerikanerin Carrie Balestier unternahmen die Eheleute eine Weltreise, die jedoch in Japan ihr abruptes Ende fand. Kiplings Bank hatte Pleite gemacht, fast seine gesamten Ersparnisse waren verloren. Also zogen die frisch Verheirateten in Carries Heimatort Brattleboro im amerikanischen Bundesstaat Vermont. Hier schrieb Kipling sein wohl berühmtestes Werk, das *Dschungelbuch*. Sechs Jahre lebten die beiden in dem Städtchen, doch Kipling fand auch hier keine Heimat. Sein steifer englisch-kolonialer Habitus kam bei den lockeren Amerikanern nicht an, und zu einem Plausch mit den Nachbarn war er nie bereit. Streng nach dem britischen Grundsatz »My home is my castle« zog er sich zurück und verlangte nach äußerster Privatheit. Schon 1893 schrieb er, Amerika sei »das Land der Barbarei mit Telephon, elektrischem Licht, Eisenbahnen und Frauenstimmrecht; aber um so schrecklicher gerade deswegen«. Kipling fand auch keinen vernünftigen Umgang mit Carries Bruder Beatty, der im Örtchen als genialer Gauner allseits beliebt war. Als der sich einmal abfällig über seinen Schwager äußerte und diesem das hintertragen wurde, kam es zum Eklat. Auf Carries Rat zog Kipling vor Gericht und bezichtigte seinen angeheirateten Verwandten des versuchten Mordes. Doch die Öffentlichkeit hatte nur Hohn und Spott für ihn; der Mann, der in seinen Büchern Mut und Tatendrang pries, zeigte sich im wirklichen Leben als Feigling. Die Presse fiel über den bekannten Schriftsteller her, und die beiden Kiplings verließen fluchtartig die Vereinigten Staaten. Nur noch einmal sollten Rudyard und Carrie in die USA zurückkehren, und auch dieser Besuch hatte fatale Folgen. Kipling erkrankte schwer und stand an der Schwelle des Todes; seine sechsjährige Tochter Josephine bekam Lungenentzündung und konnte nicht mehr gerettet werden. Diesen Verlust hat er nie verwunden.

Zurückgekehrt nach England, lebte die Familie zuerst im südenglischen Küstenörtchen Rottingdean (zwischen Brighton und New Haven). Doch Kipling fühlte sich hier wie auf dem Präsentierteller. Täglich war sein Haus umlagert von neugierigen Literaturtouristen, die hofften, einen Blick auf den berühmten Schriftsteller zu erhaschen. Und so zog die Familie in großer Freude in ihr neues, einsam gelegenes Domizil.

Vor diesem biographischen Hintergrund ist der Kauf von Bateman's zu sehen. Kipling wollte sein Nomadenleben

Bateman's, Rudyard Kiplings Refugium in Sussex

endgültig beenden und eine sichere Heimstatt, ein Refugium und Ruhe haben. Und das hatte er in diesem Haus für die verbleibenden vierunddreißig Jahre seines Lebens. Hier entfaltete er in weitgehender und selbstgeschaffener Isolation von seinen Nachbarn seine volle Schaffenskraft.

Seiner fünfzehnjährigen Tochter Elsie schärfte er durch einen lustigen Limerick ein, alle Besucher abzuwehren: »There was a young person of Bateman's / Who was guarded in most of her statements. / When they asked ›Where's your pa?‹ / She said – ›Out in his car‹, / Whereas he was really in Bateman's.«

Fünf Jahre nach dem Einzug, 1907, erhielt Kipling als erster britischer Schriftsteller den Nobelpreis für Literatur. Zu dieser Zeit war er der bekannteste, einflußreichste und meistgelesene Autor in der gesamten englischsprachigen Welt. Schon gegen Ende des vergangenen Jahrhunderts verdiente er 5000 Pfund pro Jahr – dies zu einer Zeit, als das durchschnittliche Gehalt eines britischen Angestellten bei 80 Pfund jährlich lag. Man offerierte ihm die Erhebung in den Adelsstand, und er bekam das Angebot, als Poet Laureate, als Hofdichter, weiteren Ruhm zu erlangen – doch beide Ehrungen lehnte Kipling ab, »um in seiner Kunst frei zu sein«. Das hinderte ihn nicht, noch vor dem Ersten Weltkrieg »zum schrillen Propagandisten des rechten Flügels der Torys zu werden«. In den zwanziger und dreißiger Jahren stiegen seine jährlichen Einkünfte auf weit über 30000 Pfund, und die Kiplings leisteten sich ein wahres Heer an Hausangestellten. Schon 1910 hielten fünf Küchen- und Zimmermädchen das Haus sauber, weiterhin standen ein Chauffeur und Mechaniker, Gärtner, eine Gouvernante für die Kinder und eine Sekretärin in den Diensten der Kiplings. Wenig später dann hielten zwischen 16 und 20 Personen das große Anwesen in Schwung, sie alle lebten in den umliegenden Wirtschaftsgebäuden.

Sein Heim, Batemans's, diente Kipling als unerschöpfliche Quelle der Inspiration. Wer sich aus seinen Schriften ein umfassendes Bild über das Haus machen möchte, sollte zu dem Band *Puck vom Buchsberg* greifen. In dieser Kindererzählung findet der Leser Bateman's bis ins Detail beschrieben. Dan und Una sind Kiplings Kinder Elsie und John, sie leben in einem Haus wie Bateman's, zu dem Grundstück gehört eine Mühle, und der Fluß Dudwell fließt durch den Garten. Auch die das Haus umgebende Countryside entspricht exakt der Region rund um Kiplings Refugium. Im Lageplan der Broschüre über Bateman's, die jeder Besucher für wenige Pence am Eingang erstehen kann, ist der Punkt eingezeichnet, von dem aus man vom Garten aus auf Pook's Hill, auf den Buchsberg blicken kann. Hier treffen Dan und Una auf Puck, den Kobold aus Shakespeares *Sommernachtstraum*, und der Gnom macht die beiden Kleinen mit den großen Gestalten der englischen Geschichte vertraut.

In der mystisch-okkulten Erzählung *Sie*, in der er den Tod seiner kleinen Tochter Josephine verarbeitete, beschreibt Kipling die Eingangshalle seines Hauses, so wie sie sich dem Besucher auch noch heute unverändert darbietet: »Ich wartete in einer ruhigen, nußbraunen Halle, der späte Blumen etwas Freundliches gaben und die ein wunderbar würziges Holzfeuer durchwärmte – ein sehr friedlicher Raum mit großer Ausstrahlung. Das Wägelchen eines Kindes und eine Puppe lagen auf dem schwarzweißen Boden, auf dem ein Vorleger weggestrampelt worden war. Ich hatte das Gefühl, als seien die Kinder gerade erst weggerannt, um sich, was das nächstliegende war, in den vielen Windungen des großen, handgearbeiteten Treppenhauses zu verstecken, das gewichtig aus der Halle emporstieg, um sich hinter den geschnitzten Löwen und Rosetten der Galerie darüber hinzukauern und mich zu beäugen. Ein alter konvexer, von einem

Adler gekrönter Spiegel nahm das Bild in sein geheimnisvolles Herz, verzerrte abermals die bereits verzerrten Schatten und buchtete die geraden Linien der Galerie zur Wölbung eines Schiffsrumpfes aus« – und das tut der Spiegel auch heute noch.

In dieser Eingangshalle empfing Kipling seine Gäste und bewirtete die Besucher mit Tee und Gebäck. Gegenüber der Eingangstür befindet sich ein kleines Fenster, durch das Carrie von ihrem Zimmer einen Blick auf die Gäste werfen konnte. Den großen Kamin hier beschickte Kipling mit zu leicht befundenen Manuskripten, und Frank Nelson Doubleday, sein amerikanischer Verleger, beschreibt das folgende Erlebnis: »Kipling kroch vor dem fauchenden Kamin herum und fütterte die Flammen mit Stößen von Papier. Obwohl sein Verleger im Flur stand, erkannte er trotzdem viele Manuskriptseiten mit der kleinen, wohlbekannten Handschrift, die ins Feuer wanderten. Hier wurde der Instinkt eines jeden Publizisten aufs äußerste gereizt. ›Rud, um Himmels willen, was tun Sie da?‹ Kipling, heftig vor der heißen Flamme schwitzend, gab einem Stoß schon brennender Papiere einen Schlag mit dem Schürhaken. Unter seinen buschigen Augenbrauen sah er seinen Freund scharf an. ›Well, Effendi [Frank Doubledays Spitzname, der auf seine Initialen FND zurückging], ich habe über einige alte Texte geschaut und dabei folgendes gedacht: Niemand macht nach meinem Tod einen Affen aus mir.‹«

Von der Halle aus führt ein imposantes eichenes Treppenhaus – »mittlerweile dunkel wie Teakholz« – in den ersten Stock. Von Arthur Baldwin, dem Sohn des Premierministers Stanley Baldwin (einem Vetter von Kipling), ist die folgende Anekdote überliefert. »Bei einer anderen Gelegenheit entdeckte ich diese beiden Männer im besten Alter auf den Treppenstufen sitzend, beide hatten sich gegenseitig die Arme um die Schultern gelegt, und sie bebten und schüttelten sich vor Heiterkeit. Ich weiß nicht, was der Grund für ihre Lachattacke war, aber ich kann versichern, daß Alkohol nicht im Spiel war.« Hier im Treppenhaus hängt auch das große Bild von Kipling, das John Collier im Jahr 1900, zwei Jahre vor dem Einzug in Bateman's, gemalt hat.

Stanley Baldwin, der von 1923 bis 1929 und 1935 bis 1937 das Amt des Premierministers innehatte, war auch ein regelmäßiger Gast in Bateman's. Er logierte in dem sogenannten westlichen Schlafzimmer, in dem auch die anderen Gäste des Hausherrn untergebracht wurden. Das Porträt von Kipling in diesem Raum stammt ebenfalls von John Collier, ist signiert und datiert auf 1891. Eine Radierung von 1859 stammt von James McNeill Whistler und zeigt die Old Battersea Bridge und die Old Westminster Bridge in London. Whistler und Kipling waren über Carries Bruder, den amerikanischen Journalisten Wolcott Balestier, zusammengekommen. Mit Ausnahme des Bettes ist das gesamte Mobiliar dieses Zimmers aus Eichenholz und stammt aus dem 17. Jahrhundert. Der Dichter Henry Rider Haggart, der oft zu Besuch kam, notierte: »Ich schlief in einem alten elisabethanischen Bett, von dem Kipling sagte, daß es schon immer im Hause gewesen war.«

Baldwin – wenn er vor Ort weilte – war berüchtigt für seine anstrengenden und langen Wanderungen in der Umgebung von Bateman's. Kipling vermied es möglichst, den Vetter zu begleiten. Als Baldwin eines Tages nach einer seiner üblichen Gewalttouren wieder in sein Gästezimmer kam, fand er folgenden Zettel vor: »Hausregeln für Gäste: 1. Kein Gast darf mehr als fünf Meilen pro Stunde wandern, 2. Kein Gast darf mehr als zwei Stunden am Stück wandern, 3. Gästen ist es strikt verboten, die Einheimischen zu zwingen oder ihnen zuzureden, sie auf ihren geplanten Touren zu begleiten; die Eigentümer können nicht für die Konsequenzen verantwortlich gemacht werden. Signiert, Rudyard Kipling, Carrie Kipling, Elsie Kipling (Einheimische).«

Die Kiplings führten ein sehr gastfreundliches Haus, und das Gästebuch von Bateman's weist regelmäßige Besucher auf. Die führenden Intellektuellen jener Tage besuchten gerne den ersten britischen Nobelpreisträger. Außer den Baldwins kam Kiplings Onkel, der präraffaelitische Maler Edward Burne-Jones, häufig nebst Gattin zum Essen. Lord Beaverbrock, der führende Pressemagnat jener Zeit, der amerikanische Autor Henry James (der Carrie nicht mochte) und Lawrence von Arabien (den Kipling einst sehr bewundert hatte, ihn in späteren Jahren aber als »Schaumschläger« abtat) finden sich im Gästebuch.

Im Eßzimmer ließen sich dann Gastgeber und Gäste zum Dinner auf Chippendale-Stühlen des 18. Jahrhunderts nieder und tafelten an einem flämischen Tisch aus dem 17. Jahrhundert. Aus derselben Zeit stammt der mit Intarsien verzierte Eßzimmerschrank. Über dem Kamin hängt ein Bild, Jungfrau und Kind, das nach dem Vorbild des italienischen Barockmalers Guido Reni geschaffen wurde. Kipling haßte das Gemälde, konnte es aber nicht abhängen, da es ein Geschenk war. Wenn der Abend dann beendet war, zogen sich die Kiplings in ihr Schlafzimmer zurück und ruhten für die Nacht in einem Himmelbett aus dem späten 19. Jahrhundert. Das restliche Mobiliar hier, Stühle und Schränke, datiert aus dem 17. und 18. Jahrhundert. An der Wand hängen Porträts von John und Elsie, Kiplings Kindern, darunter eine Pastellzeichnung der so früh verstorbenen Josephine von dem Amerikaner E. Holbrook. Die drei kleinen Karikaturen von Kiplings Kindern zeichnete ihr Großonkel Edward Burne-Jones über Weihnachten 1897. Ein Bronzerelief in einem Eichenrahmen von Henry Pegham, datiert und signiert 1907, zeigt Elsie, Kiplings jüngste Tochter.

Rudyard und Carrie Kipling

Der eindrucksvollste Raum von Bateman's ist zweifellos Kiplings Arbeitszimmer (wiedergegeben auf dem Titelbild dieses Buches). Elsie, Kiplings jüngste, 1896 geborene Tochter, beschreibt die Schreibroutine des Vaters: »R.K. erledigte alle Arbeiten normalerweise am Morgen, sowohl seine aktuellen Buchprojekte als auch das, was gerade anstand. Oder er spazierte in seinem Arbeitszimmer geschäftig mit sich selbst brummend auf und ab. Viele seiner besten Verse dichtete er bei solcherart Melodie. Wenn er aber wirklich intensiv mit einem Text beschäftigt war, dann arbeitete er äußerst konzentriert und vergaß alles um sich herum. Seine Kinder lernten auf diese Weise recht schnell, alle Bitten oder Pläne so lange zurückzustellen, bis er das, was ihn in Atem hielt, sicher beendet hatte, bis er ›zurückgekommen war‹, wie sie es nannten, und sich bereit zeigte, mit ihnen das Alltagsleben wieder aufzunehmen.«

Auch Stanley Baldwin bestätigt, daß Kipling die Angewohnheit hatte, mit sich selbst sprechend in seinem Arbeitszimmer herumzulaufen: »Ich sitze im Wohnzimmer, und Rud ist oben mit seiner Muse in einer Art Erste-Klasse-Arbeitssitzung, denn ich höre ihn auf und ab stapfen und dabei singen.«

Selten nur kam es vor, daß der Meister einen Gast einlud, ihn zu den Schreibstunden in sein Arbeitszimmer zu begleiten. Dem Dichter Henry Rider Haggard wurde diese Ehre im September 1911 zuteil. »Am Sonntag oder Montag saß ich im Arbeitszimmer, während Kipling schrieb, und nach einer Weile stand er auf und bemerkte, daß meine Anwesenheit ihn nicht ein bißchen störte – als Grund dafür führte er an, daß wir beide schließlich das gleiche Geschäft betreiben.«

Manchmal nahm er auch nachmittags, wenn er nicht an einem Text arbeitete, einen Besucher mit in seine Studierstube. Eine Freundin berichtete: »Nach dem Tee meinte

Rud: ›Nun Julia, wie wär's mit einer Geschichte?‹ Wir gingen hoch in sein Arbeitszimmer, und er zündete den Kamin an. Ich streckte mich auf der Ruhebank aus, auf einem unerhört harten Stück Möbel. Aber was machte das schon. Rud griff zu seinem Manuskript und las laut daraus vor. Er las wunderbar und verlor sich völlig in seinem Text. Wenn er an eine dramatische Passage kam, schnürte es ihm die Kehle zusammen, und wenn er an einer lustigen Stelle angelangt war, wie lachte er dann.«

Kipling schrieb auf himmelblauen Blättern, die eigens für ihn angefertigt wurden, und tauchte seine Feder in ein übergroßes Bürotintenfaß aus Zinn. Dann ging er derart schwungvoll an die Arbeit, daß er seinen ganzen Schreibtisch mit Tintenflecken verzierte. Als junger Journalist in Indien war er dafür berüchtigt, seine Kleidung mit Tintenspritzern zu sprenkeln, bis er aussah »wie ein Dalmatiner«.

Seinen großen französischen, aus Walnußholz gefertigten Arbeitstisch aus dem 17. Jahrhundert beschrieb er in seiner Autobiographie: »Ich habe etliche Gerätschaften auf meinem Schreibtisch, der von Nord nach Süd zehn Fuß lang ist. Da gibt es eine lange, lackierte, kanuartige Bleistiftschale, voll mit Pinseln und toten ›Brunnen‹, ein hölzernes Kästchen enthält Büroklammern und Gummibänder, ein anderes, aus Blech, Stecknadeln; wieder ein anderes beherbergt alle Arten von unnötigem Zeugs von Schmirgelpapier bis zu kleinen Schraubenziehern; links und rechts vom Tisch stehen zwei große Globen; auf einem hat einmal ein bedeutender Pilot mit weißer Farbe seine Flugroute in den Fernen Osten und nach Australien eingezeichnet.« Die Schreibmaschine auf dem Tisch – »a ›Good Companion‹ Imperial Typewriter« – benutzte Kiplings Sekretärin. Wenn der Meister einmal selbst in die Tasten griff, kam nichts Gutes dabei heraus: »Dieses Biest will einfach nicht buchstabieren.« Der Schreibtischstuhl aus Walnußholz datiert aus dem frühen

18. Jahrhundert; die Stuhlbeine sind durch kleine Holzblöcke verlängert worden, damit Kipling in der richtigen Position an seinem Schreibtisch sitzen konnte. Hier im Arbeitszimmer findet der Besucher auch ein großes Gemälde, das Carrie Kipling zeigt und das von Philip Burne-Jones, Edwards Sohn, 1899 gemalt wurde. Der große algerische Papierkorb links vom Schreibtisch wurde häufig genutzt: »Glücklicherweise war der einfache Akt des Schreibens immer ein körperliches Vergnügen für mich. Dies machte es einfacher, alles wegzuwerfen, was sich nicht richtig entwikkelt hatte.« Vor dem Kamin steht ein eichenes Sofa, das für Kiplings Schreibprozeß von eminenter Bedeutung war. Ein amerikanischer Besucher hat uns folgenden Dialog überliefert: »›Ich liege dort‹, sagte Kipling mit einem Lächeln, ›und warte darauf, daß mein Dämon erscheint und mir sagt, was ich tun soll.‹ ›Dämon?‹ Er zuckte mit den Achseln. ›Intuition. Unterbewußtsein. Wie immer Sie es nennen wollen.‹ ›Können Sie ihn immer hören?‹ ›Nein‹, sagte er langsam. ›Nicht immer. Aber ich habe vor langer Zeit gelernt, daß es das beste ist zu warten. Wenn der Dämon nichts sagt, dann meint er für gewöhnlich *Nein*.‹«

Kipling war einer der ganz frühen Motorfreunde, und bevor er 1911 einen Rolls Royce kaufte, hatte er mehrere Lancaster. 1928 legte er sich für den unerhörten Preis von 2833 Pfund seinen zweiten, schwarzen Rolls zu, der heute in der Garage von Bateman's zu besichtigen ist. Er führte ein gesondertes Tagebuch über seine Ausfahrten, das minuziös, aber auch ein wenig langweilig für den Leser, die gefahrenen Tageskilometer, Eindrücke von der Landschaft und Pannen vermeldet. »Ein Tag im Auto und in der englischen Countryside unterwegs«, so notierte er, »ist wie ein Tag in einem Märchenmuseum, in dem alle Ausstellungsstücke lebendig und real sind.«

Bateman's mit seinen ausgedehnten Ländereien wurde

von Kipling übrigens wie eine Farm bewirtschaftet – allerdings nicht mit dem Anspruch, damit Geld zu verdienen, sondern aus rein ästhetischen Gründen. Es gab eine Herde von Guernsey-Kühen, die wiederkäuend über die Wiesen streiften und über die Kiplings Sekretärin, Dorothy Ponton, einmal bemerkte, daß ihr Unterhalt teurer sei als ihr Nutzen. Doch für Kipling sah eine Kuhherde vor seinem Fenster gut aus, sie gab dem Land Sinn, den Kälbern konnte man zur Freude der Kinder Namen geben wie Bateman's Baby, Bateman's Blizzard, Bateman's Bunting und Bateman's Butterpat. Und zur übermäßigen Freude ihres Besitzers gewannen die Kühe Preise bei landwirtschaftlichen Ausstellungen. Später gesellten sich zu den Guernsey-Kühen rotgefleckte Sussex-Rinder, die auch nur für die Optik angeschafft wurden, Schafherden hielten das Gras kurz und machten sich als weiße Wattebäusche gut auf den Hängen der grünen Hügel, Bienen flogen surrend durch die Lüfte, Ziegen meckerten in ihrem Pferch, und Hühner gackerten und pickten Körner. Und zu guter Letzt kaufte Kipling noch Schweine, überteuert, wie er seinem Sohn John ins Internat schrieb: »Gestern kamen übrigens die neuen Ferkel, sie sind schwarz und die kleinsten, die wir je hatten. Aber jedes hat elf Shilling gekostet, und ich versichere Dir, daß sie nicht größer als Kätzchen sind.« Kipling aß gerne einen deftigen Schweinebraten, ebenso sein Cousin Stanley Baldwin. Zu Weihnachten 1919 schenkte ihm Kipling ein geschnitztes hölzernes Schweinchen, auf dem ein langer lustiger Vers aus der Feder des Meisters stand, dessen letzte Zeilen lauteten: »Nothing is amiss in Swine. / Roast or smoked or soaked in brine – / We have proved it Cousin mine / Every part of him is fine / Common, honest, decent Swine.« (Nichts ist falsch an einem Schwein, / gebraten, geräuchert oder eingelegt in Wein, / Wir haben's bewiesen, ich und Cousin mein, / Jedes Teil von ihm ist fein, / Gewöhnliches, ehrliches, schickliches Schwein.) So verwundert es den Leser nicht, daß sich Kipling schon 1887 zu der Erzählung *Das Schwein* hatte hinreißen lassen.

Mit seinen Nachbarn, aber auch mit den Hausangestellten und seinen Farmarbeitern pflegte er keinen Umgang. Seine Sekretärin Dorothy Ponton gab die Anweisungen an das Personal weiter. »Sie werden gut mit den Erntehelfern klarkommen, wenn Sie sie wie vierzehnjährige Jungen behandeln.«

Die Zeit von 1902, dem Einzug in Bateman's, bis zum Ausbruch des Ersten Weltkrieges 1914 war nach eigenem Bekunden die glücklichste Zeit der Kiplings in ihrem geliebten Heim. 1915 dann wurde Kiplings achtzehnjähriger Sohn John zur Armee eingezogen. Carrie schrieb am 17. August 1915 in ihr Tagebuch: »John fährt zur Mittagszeit nach Warley (seine Kaserne). Er sieht sehr ordentlich und klug und jung und mutig aus, als er sich am Ende der Treppe umdreht und sagt: ›Sag Daddy, ich liebe ihn‹«. Fünf Wochen später, am 27. September, war er tot, gefallen im ersten Gefecht seines Bataillons, wahrscheinlich zerrissen von einer Granate. Der Vater schrieb später über diesen Tag: »Von den Offizieren starb Leutnant Pakenham-Law an seinen Verwundungen, die Leutnants Clifford und Kipling wurden vermißt. Der ehrenhafte Hauptmann und Adjutant, T.E. Vesey, Hauptmann Wynter, Leutnant Stevens und die Leutnants Sassoon und Grayson wurden verwundet, die letzteren durch die Detonation einer Granate. Es war ein guter Durchschnitt für den Tag ihres Debuts und lehrte sie etwas über ihre zukünftigen Führungsaufgaben.«

Unter den vor kurzem freigegebenen Papieren von 200000 britischen Offizieren des Ersten Weltkriegs fand sich auch die Akte von Kiplings Sohn John. Der Hurra-Patriot Kipling hatte seinen ganzen Einfluß geltend gemacht, um den kurzsichtigen Jungen in der Armee unterzubringen. Es wäre für ihn ein leichtes gewesen, seinen von Augenproblemen geplagten Sohn vom Wehrdienst befreien zu lassen. Nach der Vermißtenmeldung nutzte er sein Renommee dazu, daß die Behörden John Kipling nicht für tot erklärten, und das Kriegsministerium ging auf seine Wünsche ein. Freunde der Familie haben verhindert, daß die Eltern jemals erfuhren, wie elendig John umgekommen ist. Bis an sein Ende klammerte sich Kipling an den aberwitzigen Glauben, daß sein Sohn den Heldentod gestorben sei.

George Orwell nannte den erzreaktionären Rudyard Kipling einen »ordinären Flaggenschwenker«, den »Dichter der Hurra-Schreier«. Nach Kiplings Tod notierte er ein wenig versöhnlicher: »Als Dreizehnjähriger verehrte ich Kipling, haßte ihn als Siebzehnjähriger, schätzte ihn als Zwanzigjähriger, verachtete ihn als Fünfundzwanzigjähriger, und nun bewundere ich ihn irgendwie von neuem.« Und das dtv-Lexikon der englischen Literaturgeschichte urteilt über Leben und Werk: »Kein anderer Autor des 19. Jahrhunderts hat der Parteien Haß und Gunst vergleichbar heftig erfahren wie Rudyard Kipling. Ursache hierfür ist eine konservative Ideologie, die in nicht wenigen Gedichten und Kurzgeschichten mit rassistischen (*Fuzzy-Wuzzy*, *Gunga Din*), sexistischen (*The Female of the Species*) und vor allem imperialistischen (*The White Man's Burden*) Tendenzen Ausdruck findet. Diese antidemokratische und antiliberale Gesinnung verdeckt Spannungen in Kiplings Leben und Werk.«

Doch wurde er auch dafür gelobt, »daß er die vielen Gesichter unseres Landes in all ihrer Schönheit, Kraft und Wahrheit gezeigt hat«, so der bengalische Dichter Nirad Tschaudhuri. Und Mark Twain fand in *Kim* jenen »faszinierenden Zauber Indiens« wieder, der in der Verfilmung des Dschungelbuchs bis heute die Kinder der Welt begeistert.

Bis heute denkwürdig sind Kiplings folgende, vor rund

einhundert Jahren geschriebene Zeilen: »Ah, Ost ist Ost und West ist West, und niemals kommen sie zusammen.«

Am 18. Januar 1936 starb Rudyard Kipling im Alter von siebzig Jahren. Bei der Beerdigung in der Poet's Corner in Westminster Abbey gehörten zu den Sargträgern der Premierminister, ein General und ein Admiral – ein bedeutender Schriftsteller hingegen begleitete ihn nicht auf seiner letzten Reise. George Bernard Shaw, der unter anderen zusammen mit Kipling Bahrenträger beim Begräbnis von Thomas Hardy gewesen war und eine völlig entgegengesetzte ideologische Position vertrat, notierte lapidar nach dem Tod des Barden der Pax Britannica »über den großen Geschichtenerzähler, der nie erwachsen wurde«: »Eine große Gestalt in der sozusagen imperialistischen Literatur. Ich glaube nicht, daß die Kipling-Lektüre bei irgendwem je groß das Leben verändert hat, aber man könnte das gleiche ja auch von Sir Walter Scott sagen.«

Anreise: Bateman's liegt etwa 20 km nordwestlich der südenglischen Küstenstadt Hastings nahe beim Dörfchen Burwash (ausgeschildert) inmitten der sanft gewellten Landschaft der South Downs. Von Hastings nimmt man die A 21 in Richtung Norden auf Tunbridge Wells zu und biegt nach etlichen Kilometern beim Weiler Hurst Green in die nach Westen führende A 265 ein.

Öffnungszeiten: April bis Oktober, täglich außer Do. und Fr., 11-17.30 Uhr.

Das enge Haus des ruhelosen Geistes – Lawrence von Arabien in Cloud's Hill

Ein winziges weißes Häuschen auf einer winzigen Waldlichtung, umgeben von hohen grünen Bäumen, leuchtendroten Rhododendron-Büschen und weitab jeder dörflichen oder städtischen Ansiedlung gelegen – das enge Haus eines ruhelosen Geistes. Das kleine Anwesen liegt mitten im Piddle and Puddle Country, wie die Briten süffisant diese südenglische Gegend nennen, in der die Orte Affpuddle, Tolpuddle, Puddletown, Turners Puddle, Briantspuddle, Piddlehinton, Piddletrenthide heißen und durch die gemächlich der Fluß Piddle-or-Trent plätschert.

Unten im Cottage befinden sich ein kleines spartanisches Bad und das mit Büchern vollgestopfte Schlafzimmer; hier hängt auch die Gesichtsmaske, die der Bildhauer Eric Kennington 1926 von Lawrence anfertigte. »Hervorragend«, schrieb Lawrence, »es gibt kein anderes Wort dafür. Sie zeigt nicht mich, sondern meine höchsten Momente, jene wenigen Sekunden, in denen es mir geglückt ist, Dinge richtig erkannt zu haben« (ein Pendant dieser Gesichtsmaske befindet sich in der Krypta von St. Paul's Cathedral in London). Weiterhin gibt es eine ganze Reihe von Fotos, die Lawrence als Student während seiner Untersuchungen der Kreuzfahrerburgen in Palästina und während seiner Zeit auf der arabischen Halbinsel machte, sowie eine hinreißende Zeichnung des Abenteurers von dem Maler Augustus John (der Lawrence auch in einem Gemälde porträtierte). Im ersten Stock dann erstreckt sich ein großer Raum mit einem alten Grammophon und nur wenig Mobiliar fast über die gesamte Länge des Hauses; einer der Stühle war ein Geschenk von Thomas Hardys Frau. Hier diskutierte Lawrence mit Freunden und bewirtete seine Gäste – ausschließlich mit Tee übrigens, Alkohol war dem Asketen verpönt und Rauchen ebenso. Unter dem Dach befindet sich auch der sogenannte Bunk Room, eine kleine einfache Küche.

Cloud's Hill liegt in der Grafschaft Dorset und damit im Herzen Südenglands, in jener Region des Inselreiches, die Lawrence so mochte: »An Südengland ist etwas, das mich in jedem Tal, auf jeder Höhe sagen läßt: ›Oh, hier möchte ich ein Zimmer haben, worin ich sitzen und schauen kann.‹ Wenn ich Rockefeller hieße, besäße ich 3428 Landhäuser und verbrächte meine Zeit, indem ich von einem zum anderen flitzte, so daß ich in jedem zehnten Jahr meines unerträglich langen und langsamen Lebens einmal herum wäre.«

In diesem Häuschen überarbeitete Lawrence sein Manuskript *Die Sieben Säulen der Weisheit*, den Bericht über seine Erlebnisse während des Ersten Weltkriegs auf der Arabischen Halbinsel. Fast manisch schrieb er immer wieder die Kapitel um und feilte unermüdlich an seinem Stil. Seit frühester Kindheit war es sein sehnlichster Wunsch, ein anerkannter Schriftsteller zu werden.

»Mancherlei Abstoßendes in dem, was ich zu erzählen habe, mag durch die Verhältnisse bedingt gewesen sein. Jahre hindurch lebten wir, aufeinander angewiesen, in der nackten Wüste unter einem mitleidlosen Himmel. Tagsüber brachte die brennende Sonne unser Blut in Gärung und der peitschende Wind verwirrte unsere Sinne. Des Nachts durchnäßte uns der Tau und das Schweigen unzähliger Sterne ließ uns erschauernd unsere Winzigkeit fühlen. Wir waren eine ganz auf uns selbst gestellte Truppe, ohne Geschlossenheit oder Schulung, der Freiheit zugeschworen, dem zweiten Glaubenssatze des Mannes – ein so verzehrendes Ziel, daß es alle unsere Kräfte verschlang, eine so erhabene Hoffnung, daß von ihrem Glanz all unser früheres Trachten verblaßte.«

Mit diesen Worten beginnt die Autobiographie *Die sieben Säulen der Weisheit*, in der Lawrence über seine Kämpfe mit den Beduinen gegen die Türken berichtet. Wer war dieser letzte Abenteurer des 20. Jahrhunderts?

Thomas Edward Lawrence erblickte am 15. August 1888 in Tremadog, einem kleinen walisischen Dorf, als Sohn eines Landbesitzers das Licht der Welt. Als Ned – so der Spitzname von Klein Lawrence in der Familie – acht Jahre alt war, siedelten die Eltern mit ihren vier Söhnen nach Oxford um, und hier begann nun der Schulbesuch, der bis zum Jahr 1906 dauerte. Ned schloß mit guten Noten ab, doch es war kein Geld da, um ihn auf die Universität zu schicken. Glücklicherweise gab es in Oxford das kleine, aber wenig angesehene Jesus College, welches während der elisabethanischen Ära von einem Waliser gegründet worden war, der seinen Landsleuten ein Studium in Oxford ermöglichen wollte. Daß Ned zufällig in Wales geboren war, erwies sich nun als wahrer Glücksfall: Im Februar 1907 erhielt er ein Stipendium von 50 Pfund jährlich für das Studium der Geschichte.

Neben der Historie vertiefte sich der ernsthafte junge Student in die Grundlagen der Archäologie, hörte auch Vorlesungen über englische Literatur und arbeitete unentgeltlich im Stadtmuseum. Während der ersten Jahre, in denen Ned in Oxford studierte, wurde die Stadt umfassend umgebaut, viele alte Gebäude fielen der Abrißbirne zum Opfer. Um archäologische Grabungstechniken zu erlernen, grub Lawrence in den Fundamenten der ehemaligen Häuser und förderte alte Keramik zutage, die es zuverlässig zu datieren galt – also entwickelte er sich zum Spezialisten in Töpferei und deren zeitlicher Bestimmung. Bei seinen Grabungen stieß er auf mehrere gut erhaltene glasierte Krüge aus dem

T. E. Lawrence im Jahr 1917

Mittelalter sowie auf fünf Nürnberger und drei englische Handelsmünzen; Ned stiftete die Funde dem Museum, und die Archäologen Leonard Woolley, Arthur Evans und David Hogarth wurden auf den ambitionierten jungen Mann aufmerksam.

Wenn Lawrence nicht studierte, war er mit seinem Fahrrad unterwegs oder fotografierte. Im Sommer 1908 radelte der vielseitig interessierte Oxford-Student durch Frankreich, besuchte Burgen, studierte ihre Befestigungstechniken und fotografierte mittelalterliche Architektur.

Der Archäologe David Hogarth wurde in jenem Jahr für den jungen Lawrence zur Vaterfigur; Hogarth beriet ihn in seinen Studienfächern, stellte fest, wo Lücken in der Bildung waren und ließ ihn in die Grundkenntnisse des Arabischen einweisen. Vor allem Hogarths Rat bezüglich der Abschlußarbeit war Gold wert. Ned sollte seine Examensarbeit über die mittelalterliche, kreuzfahrerzeitliche Burgenarchitektur des Mittleren Ostens schreiben. »Mit Erlaubnis der Eltern«, so teilt uns sein Biograph Desmond Stewart mit, »würden Hogarths Freunde und Helfer mit Geld und einer guten Kamera aushelfen. Der vielgereiste Charles Doughty, Verfasser von *Arabia Deserta*, würde ihm mit seinem Rat zur Seite stehen; Pirie-Gordon konnte ihm seine Landkarte leihen; und der Außenminister, vom Rektor des Jesus College in gehöriger Weise darum ersucht, konnte die Iradés vermitteln: Ermächtigungsschreiben mit der Bitte um sicheres Geleit, die für eine Reise durch die asiatische Türkei nötig waren.«

Ned lernte nun intensiv Arabisch und machte stundenlange Zielübungen mit seiner Mauserpistole, bis er mit beiden Händen gleich gut schießen konnte. In den frühen Morgenstunden des 9. Juli 1909 kam der Einundzwanzigjährige in Beirut an. Da er die Region zu Fuß erwandern wollte, mußte das Gepäck leicht sein; neben der guten Kamera, die Hogarth bezahlt hatte, und einem Stativ kam die

Mauser noch hinzu sowie die dicke Landkarte von Pirie-Gordon und der Baedeker über Syrien und Palästina – jetzt war nur noch Platz für ein Paar Socken und ein Hemd zum Wechseln.

Ned wanderte vom 9. Juli bis zum 24. September durch das Heilige Land und studierte die Kreuzfahrerburgen – doch nicht nur das! Bei seiner dritten Etappe – über die er immer nur kryptische Andeutungen machte – zog es ihn von Aleppo weit nach Nordosten in die einsamen und rauhen Vorgebirge des südlichen Anatoliens. Hier gab es keine Kreuzritterburgen zu vermessen, statt dessen wollte sein Mentor Hogarth Informationen anderer Art. Der Archäologe, freier Mitarbeiter des Britischen Geheimdienstes, ließ seinen Schüler die Trassenführung der unter deutscher Leitung entstehenden Bagdad-Bahn erkunden.

Nach Oxford zurückgekehrt, machte sich Ned an die Ausarbeitung seiner Examensarbeit, die mit Auszeichnung angenommen wurde.

Als Mitte des Jahres 1910 die Entscheidung eintraf, daß Hogarth eine Grabungslizenz in Karkemisch bekommen sollte, schlug er Ned als einen seiner Assistenten vor und besorgte ihm ein Stipendium von 100 Pfund für die kommenden vier Jahre sowie ein kleines Gehalt vom Britischen Museum für die Lebenshaltungskosten. (Karkemisch ist die heutige Ruinenstätte Dscherablus am mittleren Euphrat; im 2. und 1. Jahrtausend. v. Chr. war der Ort ein bedeutender Handelsplatz sowie ein stark befestigter Fürstensitz, in dem erst eine späthethitische, dann eine aramäische Dynastie herrschte.)

Lawrence lernte viel und schnell und war ein Gewinn für das Grabungsteam; er verfeinerte seine Keramikdatierungen und hantierte mit fünf Kameras, um alles fotografisch festzuhalten. Auch hier war der junge Archäologe »inoffizieller Mitarbeiter« des Britischen Geheimdienstes, hielt weiter die Augen auf und berichtete über den aktuellen Stand der Bauarbeiten der deutsch-türkischen Bagdad-Bahn, die nahe an Karkemisch vorbeiführte. Zu diesem Zweck hatte Hogarth seinem Schützling ein starkes Teleobjektiv besorgt, und Lawrence fotografierte Brücken, Tunneleingänge und Wasserleitungen.

Kurz vor Beginn des Ersten Weltkriegs brach das Britische Museum die Grabungen ab; Lawrence hatte vier Jahre Feldarbeit im Mittleren Osten hinter sich, er war nun nicht nur ein erfahrener Archäologe, sondern konnte viele Menschen – die einheimischen Ausgräber, von denen manchmal mehrere hundert eingesetzt wurden – für eine Aufgabe begeistern, beherrschte die Sprache und kannte sich in den Sitten und Gebräuchen, vor allem aber in der arabischen Seele aus.

Zwei Monate nach Ausbruch des Krieges rekrutierte der Geheimdienst Lawrence ganz offiziell, versah ihn mit einem militärischen Rang, und am 14. Dezember 1914 bezog er sein Zimmer im Hotel Grand Continental in Kairo. Hier hatte er zunächst einen langweiligen Schreibtischposten inne, schrieb Lagebeurteilungen und Memoranden für seine Vorgesetzten.

1916 jedoch schickte der Generalstab Lawrence auf die Arabische Halbinsel, wo er einen Aufstand der Beduinenstämme gegen die türkischen Besatzer koordinieren sollte, damit die mit Deutschland verbündeten Türken Truppen zum Schutz ihres Einflusses in der Region belassen mußten und nicht anderswo einsetzen konnten. Hier nun begann der Mythos des Lawrence von Arabien. Lawrence verstand es wie kein anderer, die Männer zu begeistern und seine Beduinenkrieger, die sich keiner Befehlsgewalt unterordnen würden, so flexibel zu führen, daß trotzdem ein schlagkräftiger Kampfverband entstand. Desmond Stewart notiert: »Falls seine Vorgesetzten (die von Lawrence) allerdings erwarteten, er würde östlichen Freischärlern westliche Pünktlichkeit aufzwingen, so wurden sie enttäuscht.«

Schon nach wenigen Monaten meldete Lawrence über seine rund 18000 Wüstensoldaten nach Kairo: »Sie behalten immer noch ihre Befehlsunabhängigkeit bei, das ist ein Stammesinstinkt, aber sie zügeln ihre Gewohnheit, Munition zu verschwenden, haben eine Art Routine erlangt, was das Lagern und Marschieren angeht.«

Lawrence und seine Beduinenarmee verwickelten die Türken in einen Guerilla-Krieg, sprengten Schienen und Eisenbahnen, um die Nachschublinien zu vernichten, überfielen Garnisonen, taten alles, um der türkischen Präsenz auf der Arabischen Halbinsel und in Palästina zu schaden.

Eine Glanzleistung war die Einnahme des Hafens Aqaba; von See aus hatten die Briten die Stadt schon unter Feuer genommen, doch so gut wie nichts erreicht; die Türken fühlten sich sicher, da sie aufgrund des weiten wasserlosen Hinterlandes von dort keine Gefahr erwarteten. Lawrence zog mit seinen Männern in einem Gewaltmarsch von fast 1000 km durch die glutheiße Wüste und griff Aqaba an. In seiner Autobiographie vergißt er uns mitzuteilen, daß er beim Sturm auf die Stadt vor lauter Aufregung seinem Kamel in den Kopf schoß, aus dem Sattel geschleudert wurde und bewußtlos liegenblieb, während seine Araber auf Aqaba zusprengten und die Stadt im Handumdrehen nahmen. »Im entscheidenden Augenblick der entscheidenden Schlacht war der einzige britische Offizier auf dem Feld bewußtlos gewesen«, schreibt Desmond Stewart.

Als sich der Krieg dem Ende näherte, marschierte Lawrence mit seinen Wüstenkriegern auf Damaskus zu und eroberte die Stadt, noch bevor reguläre britische Truppen herangerückt waren.

Die britischen Offiziere mit ihrem Standesdünkel konnten sich nicht vorstellen, wie ein einziger Mann Tausende von wilden, unzivilisierten Arabern führte, in der Gewalt hatte, sie dazu bringen konnte, über 1000 km durch wasserlose Wüste zu ziehen, um Türken, mit denen die Beduinen nur wenig zu tun hatten, anzugreifen. Noch weniger konnten sie sich vorstellen, selbst auf einem Kamel zu sitzen und ohne jegliche Annehmlichkeit Stunde um Stunde unter glühender Sonne durch heißen Sand zu reiten, nachts unter dünnen Decken zu frieren, während die Wüstenflöhe über den gepeinigten Körper hinweghüpften.

Der Kommandostab in Kairo nannte seine Leistungen »enorm« und sprach von einem »Genie«, der 1000 km-Marsch wurde gar als »epochal« bezeichnet, und Lloyd George, der Premierminister, schrieb, »Lawrence hat Wunderbares geleistet und wird eines Tages ein einzigartiges Buch schreiben«.

Auf der Versailler Friedenskonferenz war der Held von Arabien als Sachverständiger geladen; er konnte sich mit seinen Vorschlägen jedoch nicht gegen die Großmachtinteressen Frankreichs und Großbritanniens durchsetzen, und die zugesagte Unabhängigkeit der Araber kam nicht zustande.

Nach Kriegsende arbeitete Lawrence daran, sein Charisma zu erhalten und das Geheimnisvolle seiner Persönlichkeit herauszustreichen, sich vor allen Dingen von anderen abzuheben und unkonventionelles Verhalten zu pflegen. »Der kecke, hochintelligente, junge Oxfordstudent, der sich durch seine Fähigkeit zum Durchhalten und Fintenschlagen, sein schlampiges Khaki und seine makellose Seide, sein Gelehrtenenglisch und fließendes, wenn auch ungenaues Arabisch von den regulären Soldaten abgehoben hatte, war für die prüfenden Blicke der Zeitgenossen zu einer Figur geworden, die so beunruhigend war wie die Sonne«, formuliert Desmond Stewart und berichtet, wie Lawrence sich den Zorn des Monarchen zuzog. »Die lange Reihe der Ordensempfänger defilierte am König vorbei. Als Oberst Lawrence an die Reihe kam und der König den Orden vom Samtkissen nahm und sich anschickte, ihn auf das Häkchen zu hängen, das Offiziere zu diesem Zweck an ihren Waffenröcken angebracht haben, unterbrach ihn Lawrence und erklärte mit leiser Stimme und größter Hochachtung, daß er unmöglich eine Auszeichnung von seiner Majestät annehmen könne, während Britannien dabei sei, die Versprechen zu brechen, die er den Arabern, die so tapfer gekämpft hätten, in Englands Namen gegeben habe. Der König war natürlich überrascht und ungehalten. Der von so vielen tapferen Männern begehrte Orden wurde aufs Kissen zurückgelegt. Lawrence verbeugte sich und ging weiter, die Zeremonie nahm ihren Fortgang.« Der zuerst mehr verblüffte, dann recht wütende Monarch berichtete später selbst darüber, wie Lawrence »mich mit der Ordenschachtel in der Hand« stehenließ. Welch eine Frechheit!

Lawrence hatte den Orden allerdings nicht wegen seines mangelnden Einflusses auf die politischen Geschicke des Nahen Ostens abgelehnt, sondern weil er auf die allerhöchste britische Auszeichnung spekulierte, auf das Viktoria-Kreuz. Doch das riskante Spiel schlug fehl. Wie die vor kurzem freigegebenen Akten von 200 000 englischen Offizieren im Falle von Lawrence zeigen, hatten die Militärs eine äußerst skeptische Einstellung zu dem Helden; dies vor allem deshalb, weil sie seine Neigung zur Selbstdarstellung und Romantisierung seiner Taten nicht billigten.

Lawrence begann mit der Niederschrift seiner *Sieben Säulen der Weisheit*. Den Titel hatte er sich schon lange vorher ausgedacht – es sollte ursprünglich ein Buch über sieben orientalische Städte werden. Inspiriert hatte ihn das Alte Testament, wo es heißt: »Die Weisheit hat ihr Haus gebaut, ihre sieben Säulen behauen« (Sprichwörter 9, 1).

Als das mehrere hundert Seiten umfassende Manuskript abgeschlossen war, wurde es ihm angeblich auf dem Bahnhof von Reading gestohlen, woraufhin er sich daranmachte, das Buch neu zu schreiben – so wenigstens hat Lawrence es uns berichtet.

1922 ließ Lawrence in der Druckerei der *Oxford Times* das Manuskript setzen und bat den Kritiker Edward Garnett (dessen Sohn David Garnett – Mitglied der Bloomsbury Group – später die Briefe von Lawrence herausgeben sollte), den Schriftsteller E. M. Forster und den Dramatiker George Bernard Shaw um ihren redaktionellen Beistand.

1921/22 war Lawrence Berater im Kolonialministerium, dem Churchill als Minister vorstand; auch hier konnte er sich mit seinen Vorstellungen nicht durchsetzen, und so verschwand der große Lawrence plötzlich von der Bildfläche und niemand wußte, wohin er gegangen war. Unter dem Namen John Hume Ross war der berühmte Lawrence von Arabien als gemeiner Rekrut in die noch junge Royal Air Force eingetreten. Winston Churchill machte sich seine eigenen, treffenden Gedanken über den einstigen Berater und sagte, Lawrence »hat eine eigene Art, sich ins Rampenlicht zurückzuziehen«. Und Harold Nicolson, der T. E. Lawrence auf der Friedenskonferenz 1919 in Versailles kennengelernt hatte, notierte am 8. April 1940 in seinem Tagebuch: »Ausnahmsweise sprachen wir nicht über Politik, sondern über die Frage, warum ich T. E. Lawrence so sehr verabscheue. Schließlich waren wir befreundet, und unsere persönlichen Beziehungen sind niemals gespannt gewesen. Ich sage, ich fühle die gleiche Abneigung wie gegen Sir James Barrie und John Galsworthy: weil sich nämlich um ihn unverdientermaßen eine Legende gebildet hat. Walter Elliot fragt, ob ich wirklich glaube, der Feldzug in Arabien sei Falschspielerei gewesen. Ich sage nein, aber alles, was danach kam.«

Schon kurze Zeit nach seinem Armee-Debüt als einfacher Gefreiter erfuhr der *Daily Express* davon und lüftete das

Cloud's Hill, das »irdische Paradies« von T.E. Lawrence

Geheimnis. Also nahm Lawrence den Namen T. E. Shaw an und trat ebenfalls nur mit einem Mannschaftsdienstgrad in die Panzerkaserne in Bovington ein. Hier lernte er den Schotten John »Jock« Bruce kennen, seinen »Gefährten der Nacht«, der bis zu Lawrences tödlichem Unfall sein Sekretär, inoffizieller Bursche und Flagellant sein sollte – Lawrence war homosexuell und masochistisch veranlagt. In typisch britischem Understatement und sehr diplomatisch bemerkte Churchill einmal über den selbstquälerischen Charakter von Lawrence: »He was not in complete harmony with the normal.«

Lawrence sah Cloud's Hill zum erstenmal 1923, damals lag das Häuschen fast in Ruinen. Trotzdem mietete er das versteckt gelegene Cottage und begann mit der Restaurierung. Lawrence suchte dringend nach einem Ort, an dem er alleine sein konnte. Er haßte das Leben in der Kaserne, konnte dieser intelligente und gebildete Abenteurer doch nichts mit der dumpfen Mentalität der anderen Soldaten anfangen. »Hinter ihren Mündern steckte ein durchdringender animalischer Geist, dessen pure Bestialität mich erschreckte und verletzte«, beschwerte er sich. Lawrence brachte seine Bücher und das Grammophon aus der Kaserne sowie wenige Möbelstücke nach Cloud's Hill. Schlafen mußte er die folgenden Jahre noch im Camp – »es ist schrecklich, mich freiwillig hierzuhalten« –, seine Freizeit aber verbrachte er in seinem Häuschen und empfing hier seine wenigen Freunde, unter anderem Thomas Hardy, E. M. Forster und George Bernard Shaw. E. M. Forster notierte über seinen ersten Besuch in Cloud's Hill: »Er führte mich von der schwarzen, unwürdigen Wüste der Bovington-Kaserne über eine gerade Straße, die leicht ansteigt und dann über eine kleine Senke hinabfällt in Frieden und Wildnis und da war Cloud's Hill. Seine Gäste waren freundlich zu mir, ich fühlte mich leicht, und sich leicht zu fühlen war in

T. E.'s Augen eine große Empfehlung. Wir kümmerten uns um nichts mehr, sobald wir im Haus waren. Wir sorgten uns nicht mehr über die Welt und über die Regeln, die die Welt auferlegt.«

Alec Dixon, einer der wenigen Männer aus der Kaserne, zu denen Lawrence Kontakt fand, erinnert sich an die frühen Jahre von 1923 bis 1925 in Cloud's Hill: »Zwei oder drei weitere Männer – manchmal auch mehr – von völlig unterschiedlichen Charakteren waren unter den regelmäßigen Besuchern von Cloud's Hill. T. E. präsidierte über die Gesellschaft, stellte Thesen auf, beantwortete geduldig alle möglichen Fragen, fütterte das Grammophon, machte Tee, stocherte im Kamin und schaffte es durch seine Ausstrahlung ohne jede Anstrengung, jedermann bei guter Laune zu halten. Einige von uns benutzten Stühle, andere saßen auf dem Boden, während T. E. an der großen eichenen Kamineinfassung im Stehen aß.«

1925 kaufte Lawrence das Häuschen, unternahm weitere Restaurierungen und fühlte sich in seinem Refugium immer wohler. Der letzte Schritt zur Gemütlichkeit wurde am 31. August 1933 um 13.45 Uhr getan. Zum erstenmal floß Wasser aus einem Hahn und plätscherte in die Badewanne. »Alles, drinnen wie draußen, ist mein Ort, ansatzweise perfekt. Es ist ein irdisches Paradies«, notierte Lawrence. Und kurz vor seinem Tod schrieb er über Cloud's Hill an George Bernard Shaws Frau: »Mein Häuschen ist nun fertig, innen wie außen, soweit fremde Hände es fertig machen können – und ich fühle mich nun hier verwurzelt, wann immer ich durch die Tür trete. Es ist ein lieblicher kleiner Platz, sehr schlicht. Es ist glänzend, komfortabel, kahl und ruhevoll; und billig zu unterhalten.«

Am 26. Februar 1935 wurde Aircraftman Shaw, Nr. 338.171, aus dem Militärdienst entlassen und zog nun fest in sein Refugium ein. Am 13. Mai, auf dem Rückweg von der Bovington-Kaserne, wo er ein Telegramm aufgegeben hatte, brauste er mit seiner schweren Brough-Maschine entlang jener »geraden Straße, die leicht ansteigt und dann über eine kleine Senke hinabfällt«, wie E. M. Forster es uns mitgeteilt hat. Einen Helm trug er nicht. Es war gerade oberhalb dieser fatalen Senke, als er plötzlich zwei Schuljungen auf Fahrrädern ausweichen mußte. Er schoß über den Lenker seines Motorrades. Fünf Tage später starb Lawrence mit sechsundvierzig Jahren an den Folgen dieses Unfalls im Hospital der nahe seinem Häuschen gelegenen Bovington-Kaserne. Viele Jahrzehnte haben sich Verschwörungstheorien über seinen Tod halten können. Daß der letzte Abenteurer des 20. Jahrhunderts durch einen simplen und unspektakulären Motorradunfall ums Leben gekommen sein soll, mochte lange Zeit niemand glauben.

Somerset Maugham schrieb in seiner Autobiographie *Rückblick auf mein Leben*: »Lawrence hatte sich vorgenommen, stets mit außerordentlicher Geschwindigkeit Motorrad zu fahren, in der Absicht, durch einen Unfall getötet zu werden, solange er noch im Vollbesitz seiner Kräfte war, damit ihm die Unwürdigkeit des Alters erspart bleibe.«

Seine letzte Ruhestätte fand Thomas Edward Lawrence auf dem Friedhof des nahe gelegenen Weilers Moreton, einen Steinwurf südwestlich von Cloud's Hill; sein Grab ist leicht zu finden. In der alten angelsächsischen Kirche St. Martin im Dörfchen Wareham, wenige Kilometer östlich von Cloud's Hill, befindet sich die lebensgroße Grabskulptur von Eric Kennington. Sie zeigt Lawrence in einer arabischen Gallabiyya, lang ausgestreckt auf dem Rücken liegend; der Kopf ruht auf seinen Büchern, und die rechte Hand umspannt vor der Brust den Griff eines im Gürtel steckenden Dolches. Ursprünglich sollte diese Skulptur in der Kathedrale von Salisbury stehen, doch die kirchlichen Autoritäten verweigerten ihr Einverständnis, da Lawrence homosexuell war. (Ein Pendant zu dieser Statue findet der Besucher in der National Portrait Gallery in London.)

Anreise: Cloud's Hill liegt 12 km östlich von Dorchester, 2,5 km östlich der B 3390, 1,5 km nördlich der Bovington-Kaserne mit dem Panzermuseum (dieser Ausschilderung folgen und dann noch ca. 1,5 km weiter geradeaus), 6 km südlich der A 35 (Poole – Dorchester).
Öffnungszeiten: 5. April bis 1. November, Mi., Do., Fr. und So. 12-17 Uhr.

»Ein Garten von privatem, geradezu intimem Charakter« – Vita Sackville-West und Harold Nicolson in Sissinghurst Castle

Von Frühjahr bis Herbst stauen sich die Besucher vor dem Portal von Sissinghurst Castle und werden nur nach und nach eingelassen. Der schönste und intimste Garten Englands faßt nur maximal 300 Personen. Die Örtlichkeit wird gleichermaßen von Gartenliebhabern und Literaturfreunden besucht.

Hier, in zwei kleinen Cottages, einem schlanken und hohen freistehenden Turm aus roten Ziegeln und in den umgebauten langgezogenen Stallungen inmitten des Gartens lebten, schrieben und gärtnerten Vita Sackville-West und ihr Mann Harold Nicolson.

Vita wurde am 9. März 1892 auf Schloß Knole, einem der grandiosesten Herrensitze Englands, als Tochter des 3rd Baron Sackville geboren und wuchs dort als Einzelkind und rechter Wildfang auf. »Immer schmutzig und zerzaust« tobte sie über Wiesen und Felder, schmierte anderen Kindern Klebstoff in die Nasenlöcher oder prügelte sie mit Brennesseln – mit anderen Worten, sie war eine verzogene Göre. Allerdings muß man der Kleinen zugute halten, daß ihre neurotische Mutter nicht müde wurde, der Tochter zu erzählen, wie häßlich sie sei und ihr Anblick daher unerträglich. Wie ihr Leben gezeigt hat, war Vitas psychische Konstitution kräftig genug, so daß keine Traumata aus der Kindheit zurückblieben.

Es heißt, daß Schloß Knole – »ein mittelalterliches Dorf mit seinen viereckigen Türmchen und grauen Mauern, seinen hundert Schornsteinen, die blaue Rauchfahnen in den

Himmel sandten« – eine Zahlenmagie zugrunde liegt; danach gibt es sieben Innenhöfe, die für die sieben Tage der Woche stehen, 52 Treppen, für jede Woche des Jahres eine, und 365 Räume, einen für jeden Tag. Vor dem riesigen Haus mit den unzähligen verschachtelten Flügeln und den vielen unbewohnten Zimmern mit den martialischen Bildern, auf denen griesgrämig dreinblickende Vorfahren von den Wänden starrten, fürchtete sich Klein Vita laut eigenem Bekunden nicht. Vita hat mehrfach in ihrem Leben berichtet, daß sie Knole über alles liebte, aber als Frau war sie von der Erbfolge ausgeschlossen, Knole sollte ihr nie gehören. Jahre später ließ sie in ihrem Roman *Schloß Chevron* (= Knole) den Protagonisten Sebastian vom Dach auf das gesamte Anwesen herunterschauen, und das sieht er: »Weite Flächen rotbrauner Dächer umgaben ihn, in Stein gehauene heraldische Ungeheuer hockten an jeder Giebelecke. Über dem großen Hofplatz wehte die Fahne rot und blau und schlaff von einem Turm herab. Unten im Garten, auf einem leuchtend grünen Rasenplatz, konnte er die verstreuten Gestalten der Gäste seiner Mutter sehen; einige saßen unter den Bäumen, einige streiften umher; er konnte ihr Lachen und den Aufschlag der Krockethämmer hören. Rund um den Garten breitete sich der Park aus; ein Rudel Rehe stand mit den kurzen Schwänzen schlagend im Schatten der Buche. Alles das konnte er von der freien Höhe des Daches aus sehen« – und das alles kann der Besucher heute ebenfalls noch sehen!

1913 heiratete die 21 Jahre alte Vita den siebenundzwanzigjährigen Diplomaten Harold Nicolson in der Kapelle von Knole. Damit begann eine ungewöhnliche Ehe, denn beide hatten – nach der Geburt ihrer beiden Söhne Ben (1914) und Nigel (1917) – für die restliche Zeit ihres Lebens gleichgeschlechtliche Beziehungen. Ihr Sohn Nigel Nicolson hat über die ungewöhnliche Partnerschaft seiner Eltern den Band *Portrait of a Marriage* publiziert; sein Buch ist, wie er

Blick auf Sissinghurst Castle vom Garten aus

zu Recht sagt, »a document unique in the vast literature of love«.

Über Virginia Woolf, mit der Vita eine kurze Liebesbeziehung hatte, lernten Harold und Vita die Mitglieder der Bloomsbury Group kennen, doch beschränkte sich der Kontakt nur auf das nötigste. Die bürgerlichen Bloomsbury-Akteure hatten nicht viel für die beiden blaublütigen Adelssprosse übrig, und umgekehrt war es nicht anders. »Gloomsbury« nannte Vita den intellektuellen Zirkel. 1940 notierte Harold in seinem Tagebuch: »Am Abend sprechen Vita und ich über unsere Höhepunkte im Leben. Vita meint, es sei ein Fehler gewesen, zu lange ein Edwardian geblieben zu sein, und es hätte uns mehr gebracht, wenn wir schon 1916 Kontakt zur Bloomsbury Group aufgenommen hätten. Belustigt gestehen wir uns dann ein, daß wir 1916 noch nicht einmal von Bloomsbury gehört hatten. Aber wir sind einer Meinung, daß wir das beste sowohl von der plutokratischen Welt als auch von der Bohème erwischt haben und ein schönes Leben hatten.«

1929, nach Vitas Liebschaft mit Virginia Woolf, begann sie mit den Arbeiten an ihrem schon erwähnten Roman *Schloß Chevron*, der ein Jahr später in der Hogarth Press von Leonard und Virginia Woolf erschien und der in Knole spielt. »Vitas Buch ist ein derartiger Bestseller, daß Leonard und ich im Geld schwimmen, wir verkaufen jeden Tag ungefähr 800 Exemplare«, konnte Virginia schon nach wenigen Wochen ihrem Neffen und späteren Biographen Quentin Bell berichten. Als das Buch erschien, war Vita Ende 30, hatte ihr Verhältnis mit Mary, der Frau des Dichters Roy Campbell, beendet und gerade eine Liebschaft mit der BBC-Direktorin Hilda Matheson begonnen. Harold hatte sich ganz auf seine journalistischen und schriftstellerischen Arbeiten konzentriert; und es war in diesen Tagen, daß sich die beiden entschlossen, Sissinghurst Castle zu kaufen.

Nach der Hochzeit waren Vita und Harold nach London gezogen, bald darauf hatten sie sich auf die Suche nach einem ländlichen Refugium gemacht. Bei Spaziergängen in der Umgebung von Knole hatten sie Long Barn entdeckt, ein altes Bauernhaus aus der zweiten Hälfte des 14. Jahrhunderts. William Caxton, der erste Drucker Englands, soll hier um 1422 geboren worden sein. Die beiden erweiterten das alte Gemäuer, indem sie eine Scheune umbauten, und verbrachten in Long Barn nun die Wochenenden und Ferien. Hier machten beide erste Erfahrungen mit der Anlage eines Gartens. In Long Barn begann 1918 Vitas lange und gut dokumentierte Liebesbeziehung mit Violet Trefusis. Auch Virginia Woolf war in dem Bauernhaus häufig zu Gast. 1925 übersiedelten Harold und Vita ganz nach Long Barn; als auf dem umliegenden Gelände dann eine Hühnerfarm gebaut wurde, war es vorbei mit der Ruhe, und die beiden suchten sich ein neues Refugium.

Im April 1930 verlebte Vita einige Ferientage mit ihrer Geliebten Dorothy Wellesley, und bei dieser Gelegenheit erzählte ihr Dorothys Häusermakler von dem zum Verkauf stehenden Sissinghurst. Zusammen mit dem dreizehnjährigen Nigel besichtigten die beiden Frauen am nächsten Tag das völlig heruntergekommene Anwesen, und Vita war sofort begeistert. 23 Jahre später schrieb sie: »Der Ort, als ich ihn an einem Frühlingstag des Jahres 1930 zum erstenmal sah, berührte mein Herz und meine Phantasie augenblicklich. Ich sah, was man daraus machen konnte, das Schloß war eine schlafende Schönheit.« Dann führte Vita Harold und Ben durch Sissinghurst, und Harold äußerte sich etwas vorsichtiger.

Im Mai 1930 kauften Harold und Vita das halb verfallene Sissinghurst Castle, das rund 30 km südlich von Knole und Long Barn liegt. Der Begriff Castle ist mißverständlich, denn Wehranlagen sind auf dem rund drei Hektar großen Gelände nicht mehr vorhanden. Lediglich ein freistehender elisabethanischer Turm, ein langgestrecktes niedriges Gebäude (Main House), ein kleines Häuschen (Priest House) und das sogenannte South Cottage bilden das Gebäudeensemble von Sissinghurst. Die Bibliothek ist zu besichtigen, und im Turm kann man durch ein Türgitter einen Blick in Vitas Arbeitszimmer werfen. Es ist, als wäre Vita gerade mal nach draußen gegangen, alles ist erhalten wie zu ihrer Zeit. Daß man das Zimmer nicht betreten darf, hat natürlich seinen Grund – Vita wollte es nicht und schrieb über diesen Raum: »Es ist ein Schloß an meiner Tür / ›Privat‹ steht unten an den Stufen. Mein Garten, Fremder, mag dich locken / Und alle Wege stehn dir frei. / Doch bleibe fort von meinem Ort / Ich bin zwar scheu, doch unerschrocken.«

Während sich die Kaufverhandlungen hinzogen, hatte Harold in der London Library die Geschichte des Anwesens recherchiert und verblüffende Fakten zutage gefördert. Während der Herrschaft von Heinrich VIII. gehörte Sissinghurst Castle einem gewissen Sir John Baker, dessen Tochter 1554 Thomas Sackville, einen Vorfahren von Vita, heiratete. Mitte des 18. Jahrhunderts war das Schloß schon aufgegeben worden und halb verrottet; in dieser Zeit besuchte es der Schriftsteller Horace Walpole und bezeichnete es als »ein verkommenes Haus und einen zehnmal so heruntergekommenen Garten«. Während des Siebenjährigen Krieges waren auf Sissinghurst französische Gefangene interniert. Um 1800 wurden Teile des Schlosses abgerissen, der Rest diente dann für mehr als ein Jahrhundert als Unterkunft für Landarbeiter und als Stallungen. Daß Sissinghurst mit der Geschichte ihrer Familie verbunden war, spielte für Vita nach dem Verlust von Knole eine bedeutende Rolle, und Harold verstand das: »Es ist für dich das herrschaftliche Haus deiner Vorfahren.«

Im Turm von Sissinghurst Castle richtete sich Vita Sackville-West ihr Arbeitszimmer ein

Die Gebäude lagen fast in Ruinen, als Harold und Vita Sissinghurst übernahmen. 12 375 Pfund zahlten sie für das völlig vernachlässigte Anwesen, weitere 18000 Pfund mußten in die Renovierung gesteckt werden. Es gab keinen Strom und kein fließendes Wasser, kein Hausteil war bewohnbar. In den ersten zwei Jahren kampierte die ganze Familie während der Renovierungswochenenden im untersten Zimmer des Turms. Kurz vor der Unterzeichnung des Kaufvertrages schrieb Harold an Vita: »Also, meine Ansicht ist die folgende: a) daß es höchst unklug von uns wäre, Sissinghurst zu kaufen. Wir brauchten 12 000 Pfund dafür, und es wird weitere 15 000 Pfund kosten, um es instandzusetzen. Das heißt fast 30 000 Pfund, bevor wir irgend etwas damit machen können. Für 30 000 Pfund könnten wir ein wundervolles Haus, komplett mit Park, Garage, Heißwasserversorgung, Zentralheizung, historischer Bedeutung und zwei Torhäusern, rechts und links davon, erwerben. b) daß es sehr klug von uns wäre, Sissinghurst zu kaufen. Durch seine Adern fließt das Blut der Sackville-Dynastie. Sicher, es kommt aus der weiblichen Linie – aber schließlich sind wir beide Feministen, und Knole ist letztendlich auf die gleiche Weise an die Familie gekommen. Für Dich ist es ein alter Familienbesitz: das wiegt die Heißwasserversorgung und Zentralheizung auf. c) es liegt in Kent. In dem Teil von Kent, den wir lieben. Es ist in sich abgeschlossen. Ich könnte einen Teich anlegen. Die Jungen könnten reiten. d) Wir mögen es.«

Der finanzielle Erfolg von *Schloß Chevron* hatte maßgeblichen Anteil an der zügigen Erneuerung von Sissinghurst. Schnell verwarfen sie auch den Plan, alle vier Gebäude miteinander zu verbinden, und entschlossen sich statt dessen, Turm und Stallungen sowie die beiden Cottages in ihren isolierten Positionen zu belassen. Im nördlichen Teil vom Main House, den ehemaligen Stallungen, wurde die große Bibliothek eingerichtet. Küche und Eßzimmer sowie die Räume für die beiden Söhne Nigel und Ben kamen ins Priest House. Im Turm richtete sich Vita ihr Arbeitszimmer ein, während Harold im South Cottage seine Bücher und Artikel schrieb. Im südlichen Abschnitt von Main House schließlich, dort, wo Nigel heute noch immer lebt, befanden sich die Schlafzimmer der Eltern und die Bäder. Wollte man von einem Häuschen zum nächsten, so mußte ein jeder aus der Familie immer durch den Garten gehen, dessen Beete wie Zimmer angelegt waren – sicher ein bedeutender Grund für seine Schönheit. Da der kleine Park also praktisch die Fortsetzung der Räumlichkeiten war, ist es nicht verwunderlich zu hören, daß Harold und Vita »sich einen Garten von privatem, geradezu intimem Charakter wünschten«.

Erst zwei Jahre nach dem Kauf waren die Restaurierungsarbeiten so weit fortgeschritten, daß Vita und Harold von Long Barn nach Sissinghurst umziehen konnten. Sogleich begannen beide mit den Planungen für den Garten. Vita war überglücklich, Harold hingegen nicht. Nachdem er seine erfolgreiche diplomatische Karriere aufgegeben hatte und als Zeitungs- und Rundfunk-Journalist sowie als Autor von Biographien und Sachbüchern arbeitete, sah er sich in seiner Arbeit nicht bestätigt. Er fühlte sich armselig, wenig erfolgreich, gedemütigt und befand sich – modern gesprochen – in einer Midlife Crisis. »Ich habe mich niemals unglücklicher gefühlt«, so vertraute er seinem Tagebuch an. Ein Zustand, der glücklicherweise nicht andauern sollte. Mittlerweile hatten die beiden all den Umbaumüll vom Grundstück geräumt, die Hauptwege des Gartens angelegt, den Boden mit einer dicken Schicht Torf gedüngt, den Seeweg und einen Rosengarten in Planung. Der depressive Harold notierte in seinem Tagebuch: »Ich fand eine tote und ertrunkene Maus in dem kleinen See. Ich fühle mich wie diese Maus – unbeweglich, feist und im Niedergang begriffen.« Vita hingegen sprühte vor Lebenslust, arbeitete unermüdlich und versuchte Harold aufzurichten. Am 29. März 1932 stieg Virginia zum erstenmal die Stufen des Turmhauses zu Vitas Arbeitszimmer hoch, die Woolfs waren zum Essen geladen, fühlten sich in der unordentlichen Atmosphäre des halbfertigen Sissinghurst jedoch erkennbar unwohl. Ihr langes Gedicht *Sissinghurst* widmete Vita ihrer einstigen Geliebten Virginia: »Als müder Schwimmer in den Wellen der Zeiten / überlasse ich mich schließlich der Wogen Bauch, / sinke durch Jahrhunderte zu andren Breiten: / Am Grund liegen begraben Schloß und Rosenstrauch.«

Ab 1933 begann Vita regelmäßig jeden Freitag in BBC-Hörfunksendungen über Gartenanlagen zu plaudern und schrieb einige Jahre später für den *Observer* eine wöchentliche Kolumne über das Gärtnern. Mehr als zwanzig Jahre später schaute sie rückblickend auf die Anfänge des Gartens: »Ich hätte es niemals alleine fertiggebracht. Zum Glück hatte ich per Heirat den idealen Mitstreiter gefunden. Harold Nicolson muß in seinem früheren Leben Gartenarchitekt gewesen sein. Er verfügt über einen angeborenen Sinn für Symmetrie und über ein geniales Talent, einem widerspenstigen Gelände Brennpunkte und lange Blickachsen abzutrotzen, eine Fähigkeit, die mir völlig abging.« Doch ab und an gerieten sich die beiden über die weitere Gestaltung des Gartens mächtig in die Haare. »Messe den Mittelweg im Gemüsegarten aus. Dann weigert Vita sich, bei unserer Entscheidung zu bleiben, die elenden kleinen Bäume zu entfernen, die meinem Entwurf im Wege stehen. Ihre romantische Veranlagung behindert wie üblich die klassische«, notierte Harold wütend in seinem Tagebuch.

1935 dann konnten Vita und Harold die Bibliothek in Angriff nehmen und vervollständigen. In die ehemaligen Stallungen wurde ein zusätzliches Fenster eingesetzt und ein mächtiger Kamin aus den Resten eines elisabethanischen

Mit dem Park verwirklichte Vita ihre Gartenphilosophie

Feuerplatzes gebaut, den sie bei den Aufräumarbeiten auf dem Gelände gefunden hatten. Als der große Raum – der heute zu besichtigen ist – dann fertig war, konnte Harold ihm trotz der reichlich investierten Arbeitszeit nicht viel abgewinnen. »Er wird immer das Ambiente eines Hospitalflügels in einer türkischen Kaserne haben.« Vita dekorierte den Saal mit einer großen Holzskulptur aus Walnuß des jugoslawischen Bildhauers Rosandic (die Gegenstand ihrer Gedichte *Vestel Virgin* und *Absence* war), einem breiten Tisch mit einer Platte aus Lapislazuli, einigen weiteren Möbeln von Long Barn und packte einige tausend Bücher in die Regale. Doch auch sie war nicht glücklich über diese Kombination aus Bibliothek und Wohnzimmer. So schrieb sie nach ihren Bemühungen an Harold: »Dies ist eine Warnung; der große Raum ist ein Reinfall. Versuche Du es, wenn du möchtest, ich kriege die Dinge nicht zusammen.« Folgerichtig nutzte die Familie das Zimmer nie, der Eßraum im Priest House blieb der einzige gemeinsame Ort, an dem sich Vita, Harold und die Söhne Ben und Nigel alltäglich trafen. Eine derartige Skepsis hinsichtlich der Bibliothek kann der heutige Besucher eigentlich nicht teilen.

Im Gegensatz zu Harold, der während der Wochentage in London weilte und dort aktiv am gesellschaftlichen Leben teilnahm, hielt sich Vita immer bedeckt und haßte mit zunehmendem Alter öffentliche Auftritte. »Ruhige Tage in Sissinghurst«, wurde einer ihrer bevorzugten Tagebucheintragungen, und das geflügelte Wort avancierte fortan zu einem Familienwitz. Harold und die beiden Söhne Ben und Nigel zogen Vita häufig damit auf. Als mit Beginn des Zweiten Weltkrieges die deutschen Bomber auf ihrem Weg nach London über Sissinghurst zogen, lauteten die stereotypen Eintragungen: »Unruhige Tage in Sissinghurst.«

1938 öffnete Vita den Garten dann für die Öffentlichkeit, da aufgrund ihrer Radiosendungen und ihrer Zeitungskolumne immer mehr Menschen ihren kleinen Park sehen wollten und selbst professionelle Landschaftsarchitekten sie um Rat fragten. Mit ein wenig Stolz schrieb sie an Harold: »Es amüsiert mich, wie all diese Gärtner sich gegenseitig erzählen, daß sie hierher kommen wollen.« 1940 hatte Vita die Idee zu dem Weißen Garten neben dem Priest House, und Harold stimmte ihr prinzipiell zu; seine Sorge allerdings war, daß der Platz nicht genügend Sonne bekam. Realisiert werden konnte das Projekt allerdings erst nach Kriegsende. Auch jetzt strömten immer mehr Gartenliebhaber – die von Vita »The Shillings« genannt wurden – nach Sissinghurst, und 1951 konnte sie notieren, daß der Shilling Eintritt sich auf 250 Pfund im Jahr summiert hatte. »Ich fühle, daß wir hier etwas Besonderes geschaffen haben; etwas Liebliches und Friedvolles ist unter unseren Händen aus Ruinen erstanden.« Im Sommer 1954 zog es derartig viele »Shillings« in Vitas und Harolds Garten, daß es zum erstenmal zu einem Verkehrsstau im Dörfchen Sissinghurst kam. Die beiden ließen eine öffentliche Toilette errichten und nahmen 1394 Pfund an Eintrittsgeldern ein.

Sissinghurst ist der schönste Garten Englands und der meistbesuchte. Während Harold für die landschaftsarchitektonische Gestaltung der Anlage zuständig war, suchte Vita Pflanzen und Büsche aus, um sie in Harolds Konzept einzupassen. In einem speziellen Gartentagebuch hat sie jeden einzelnen Schritt festgehalten und daraus Anregungen für ihre wöchentliche Gartenkolumne im *Observer* gezogen. Vitas Gartenphilosophie war einfach und wirkungsvoll: »Eine strikte Formalität in der Gestaltung verbunden mit einem Maximum an Informalität in der Bepflanzung.«

Schaut man von der Turmterrasse nach Norden in den »Weißen Garten«, dann »sieht man die Beete von Juni bis August voller weißer Rosen, Königslilien, Löwenmäulchen, Pfingstrosen, Ziest, Buddleja, Callas, Fingerhüten, Ehren-

Harold und Vita 1938 auf den Stufen des Turms in Sissinghurst

preis – ein blendend weißer Juligarten, kühl und frisch im Kontrast des Weiß der Blüten zum Grün der Hecken.«

Hören wir Vita über die grundsätzliche Anlage von Sissinghurst erzählen: »Wir stimmten vollkommen darin überein, was das Grundprinzip des Gartens sein sollte: eine Kombination aus langen, axialen Wegen, von Nord nach Süd und von Ost nach West verlaufend, gewöhnlich mit einer Statue oder einem Bogengang oder einem Paar Wächterpappeln als Endpunkten, und der intimen Überraschung kleiner, sich von den Wegen her öffnender geometrischer Gärten, wie wenn die Zimmer eines riesigen Hauses von seinen zentralen Korridoren abgehen.« Und als Pflanzen wünschte sie sich »ein Durcheinander von Rosen und Geißblatt, Feigen und Wein, es war ein romantischer Ort, und er mußte, innerhalb der Nüchternheit von Harold Nicolsons strenger Linienführung, auch romantisch behandelt werden. Meine Vorliebe für Üppigkeit im Garten gehört untrennbar zu meiner Gartenphilosophie. Ich liebe Großzügigkeit, wo immer ich ihr begegne, ob in Gärten oder sonstwo. Ich verabscheue alles Knausrige und Schäbige. Auch der kleine Garten kann in seiner Beschränkung verschwenderisch wirken.« Im Alter von dreiundsechzig Jahren erhielt Vita, die in ihrem Leben zwei der bedeutendsten literarischen Auszeichnungen für ihre Gedichte erhalten hatte, von der Royal Horticultural Society die Veitch-Goldmedaille, »eine der höchsten Auszeichnungen, die man in der Sträucherwelt bekommen kann«, wie sie süffisant notierte.

Vita Sackville-West starb siebzigjährig am 2. Juni 1962, sieben Wochen nach einer Krebsoperation, im ersten Stock von Priest House, neben sich ihre letzte Freundin Edie Lamont. Nach dem Tod seiner Mutter schrieb Nigel über seinen Vater Harold: »Er war nie wieder der gleiche. Er ging mit ihr.« Harold überlebte Vita um sechs Jahre, geistig verwirrt starb er im Alter von einundachtzig Jahren am 1. Mai 1968. Sissinghurst Castle wurde nach dem Willen von Vita und Harold dem National Trust vermacht.

Im Vorwort zu *Portrait of a Marriage* schrieb Nigel: »Vielleicht wird eines Tages ein Buch über den Garten von Sissinghurst erscheinen, und es könnte durchaus denselben Titel tragen wie das vorliegende, denn dieser Garten ist das Portrait einer Ehe. Harold machte den Entwurf, Vita pflanzte ihn an.«

In den einstigen Darrehäusern von Sissinghurst, dort, wo früher der Hopfen geröstet wurde, kann man die Druckerpresse der Hogarth Press besichtigen, auf der Leonard und Virginia Woolf ihre ersten Publikationen druckten. Ebenfalls befindet sich hier eine kleine Ausstellung mit Fotos und Dokumenten zu Harold Nicolson, Vita Sackville-West, Virginia Woolf und Sissinghurst.

Anfahrt: Sissinghurst Castle liegt ca. 60 km südlich von London und ca. 12 km östlich der Stadt Royal Tunbridge Wells; von dort gelangt man über die in südliche Richtung führende A 21 und die nach wenigen Kilometern gen Osten abzweigende A 262 bis zum Dorf Sissinghurst; nach Durchfahren der Ortschaft ist Sissinghurst Castle ausgeschildert.
Öffnungszeiten: April bis Oktober, Di.-Fr. 13-18.30, Sa./So. 10-17.30 Uhr.

Knole liegt knapp 40 km südlich von London nahe beim Landstädtchen Sevenoaks und ist von dessen Ortszentrum ausgeschildert.
Öffnungszeiten: 1. April bis 1. November, Mi., Do., Fr., Sa. 12-16 Uhr, So. 11-17 Uhr.

»Jene Romanze in Stein und Mörtel« – Sir Walter Scott in Abbotsford House

Besucher, die mit dem eigenen Wagen das »Alaska Großbritanniens« besuchen, durcheilen recht schnell das südschottische Hügelland, die Lowlands – einige werden sich vielleicht noch die kitschige Hochzeitsschmiede in Gretna Green ansehen –, um in die landschaftlich so attraktiven und rauhen Highlands zu kommen. Doch das ist schade, denn die Lowlands haben viel über schottische Geschichte zu erzählen. Mitten im Herzen dieser hügeligen Region liegen die Abteien von Melrose, Kelso, Jedburgh und Dryburgh.

Von allen vieren sind Ruinen erhalten, die von der jahrhundertelangen Feindschaft und den vielen Kriegen zwischen Schotten und Engländern zeugen. Erbittert wurde um diese Klöster gekämpft, Eroberung und Zerstörung wechselten mit Wiederaufbau ab. Für Sir Walter Scott, der gemeinhin als Erfinder des historischen Romans gilt, besaßen diese einstigen Abteien eine große geschichtliche Bedeutung, und so ist es nicht verwunderlich, daß er sich nahe bei Melrose sein Haus Abbotsford erbauen ließ. Melrose galt ihm als das schönste der Borderland-Klöster, und der anglophile Theodor Fontane übersetzte die Verse des schottischen Dichters über die Abtei folgendermaßen: »Und willst du des Zaubers sicher sein, / So besuche Melros' bei Mondenschein. / Die goldne Sonne, des Tages Licht, / Sie passen zu seinen Trümmern nicht.«

Dryburgh jedoch, das in den Flußauen des Tweed liegt, sah Scott als die romantischste Anlage; in den Ruinen der Abteikirche im nördlichen Querschiff fand er seine letzte Ruhestätte. Nicht weit von Dryburgh entfernt befindet sich auf einer Hügelspitze Scott's View, ein Aussichtspunkt, zu dem der Schriftsteller gerne seine Gäste führte, um ihnen die landschaftliche Schönheit seiner Heimat nahezubringen. Von hier oben schweift der Blick weit über ein bewaldetes und grünes Tal, durch das mäandernd der Tweed sich seinen Weg bahnt.

Walter Scott wurde am 17. August 1771 als Sohn eines Anwaltes in Edinburgh geboren. In seinen Kindertagen verbrachte er viel Zeit bei den Großeltern in den Lowlands, und diese erzählten ihm die Legenden, Balladen und die Geschichte des südschottischen Hügellandes. Der Kleine las alles, was er über seine Heimat finden konnte. Nach dem Schulbesuch studierte er Jura und wurde nach der weiteren Ausbildung in der Kanzlei seines Vaters 1792 als Anwalt zugelassen. Unter dem Einfluß der deutschen Romantik übersetzte er 1796 mehrere Balladen von G. A. Bürger und drei Jahre später Goethes Götz von Berlichingen ins Englische. Nebenbei blieb er seiner Heimat treu und sammelte schottische Volksballaden, die er unter dem Titel *Minstrelsy of the Scottish Border* ab 1802 in drei Bänden herausgab. Viele dieser nur mündlich überlieferten Geschichten bearbeitete er sehr intensiv, um die Texte wirkungsvoller und »authentischer« zu machen. Diese Arbeit sah er als seinen ganz persönlichen Beitrag zur Bewahrung des schottischen Erbes und der heimischen Tradition an. Fast unmittelbar danach publizierte Scott eine erste eigene Verserzählung, *The Lay of the Last Minstrel*, die ein großer literarischer und finanzieller Erfolg wurde. In rascher Folge schrieb er nun eine Reihe weiterer Versromanzen, von denen *Marmion*, vor allem aber *Die Dame vom See*, überragende Erfolge beim lesenden Publikum feierten. Die ersten 2000 Exemplare von *Die Dame vom See* wurden den Buchhändlern im wahrsten Sinne des Wortes aus den Händen gerissen. Innerhalb kürzester Zeit kamen vier weitere Auflagen auf den Markt, und

Abbotsford House

so ging es Jahr für Jahr weiter. Die Geschichte spielt in den landschaftlich sehr attraktiven Trossachs, einem ausgedehnten, hügeligen Waldgebiet rund um Loch Katrine, das eine Autostunde nördlich von Glasgow liegt.

Über *Marmion* kam Scott in Kontakt mit dem Drucker und Verleger John Ballantyne und wurde sein stiller Teilhaber. Nach den dichterischen Erfolgen spielte Scott eine zunehmend größere Rolle im literarischen Leben Edinburghs und übernahm vielfältige Aufgaben. Unter anderem half er der Zeitschrift *Quarterly Review* maßgeblich auf die Beine und gab die Werke von John Dryden und Jonathan Swift heraus.

1814 erschien sein Roman *Waverley, oder Es ist sechzig Jahre her*, welcher im selben Jahr noch weitere vier Auflagen erlebte. Scott begründete damit den Historienroman als eigenständiges Genre. Da bis weit in die viktorianische Zeit hinein Romane als literarische Gattung wenig geschätzt wurden, ließ Scott das Werk anonym erscheinen. Auch seine folgenden Romane – ausnahmslos alle ebenso erfolgreich wie der Erstling – publizierte er nur unter dem Hinweis »by the Author of Waverley«. Vor einem sorgfältig recherchierten Hintergrund bettet er fiktive »mittlere Helden« in geschichtliche Ereignisse ein. Schauplätze sind wie in *Waverley* das Schottland des 18. Jahrhunderts, *Ivanhoe* spielt im England des Mittelalters, *Kenilworth* hat die Renaissance zum Inhalt und *Quentin Durward* das Frankreich des 14. Jahrhunderts.

1827 lüftete er das Geheimnis seiner Autorschaft, wahrscheinlich weil sein Kompagnon John Ballantyne Konkurs angemeldet und einen Schuldenberg von sage und schreibe 126000 Pfund hinterlassen hatte, ein nach heutiger Kaufkraft mehrfacher Millionenbetrag. Freunde wollten Geld für Scott sammeln, doch der fühlte sich in der Verantwortung und begann, wie in Fronarbeit, die Schulden im wahrsten Sinne des Wortes abzuschreiben. »Meine eigene rechte Hand wird meine Schulden bezahlen«, soll er angeblich gesagt haben. Es ist ihm gelungen! Doch zerrüttete – wie wir seinem ab 1825 geführten Tagebuch entnehmen können – diese unermüdliche Schreibarbeit seine Gesundheit. 1832 starb er nach einer Reihe von Schlaganfällen. Sein Schwiegersohn, John Gibson Lockhart, verfaßte eine sieben Bände umfassende Biographie, die als eine der großen Lebensbeschreibungen der englischen Literaturgeschichte gilt. Auch Lockhart wurde nach seinem Tod in einem Granitsarg in der Abteiruine von Dryburgh neben seinem Schwiegervater zur letzten Ruhe gebettet.

Auf den ersten Blick präsentiert sich Abbotsford House dem Besucher wie ein mittelalterliches Schlößchen. Das ist es aber nicht: Jeder Erker, jedes Türmchen, jede Zinne war von Scott sehr genau und mit viel Liebe zum Detail geplant worden. Sein Heim sollte die architektonische Fort- und Umsetzung seiner historischen Romane werden. Diese Idee entwickelte sich aber nicht auf einmal, sondern sie nahm mit dem wachsenden Œuvre Gestalt an.

Vorerst einmal lebten die Scotts in einem gemieteten »kleinen einfachen Farmhaus mit dem üblichen Kohlgarten an der einen und einer Scheune auf der anderen Seite«. Schon dieses Haus hatten sie Abbotsford genannt. In Edinburgh besaßen sie in der Castle Street Nr. 39, im Zentrum der georgianischen New Town, eine Stadtwohnung; das Haus steht noch heute, ist aber nicht von innen zu besichtigen. Scotts erste Überlegungen für ein eigenes Heim lesen sich noch recht moderat: »Ich plane hier ein kleines Cottage für meine Sommeraufenthalte, zu denen ich gesetzlich verpflichtet bin (Scott hatte das Amt des Sheriffs der Grafschaft von Selkirkshire inne), aber auch bestimmt durch meine Neigung, einige Monate im Jahr auf dem Lande zu leben. Ich versichere Dir, wir sind nicht wenig stolz darauf, als Lord und Lady von Abbotsford gegrüßt zu werden.« Drei Jahre später hatten seine Pläne schon konkretere Gestalt angenommen – von einem kleinen Cottage konnte allerdings nicht mehr die Rede sein, und das Farmhaus wurde alsbald abgerissen, damit man mit dem Neubau beginnen konnte. Schon einige Zeit zuvor hatte Scott 567 Hektar Land dazugekauft. Beeinflußt von den Schauergeschichten, die eine Generation vor ihm die Leser begeistert hatten, wünschte er sich nun ein Haus, das »ein bißchen mehr im alten schottischen Stil gehalten ist und an jeder Seite durch zinnengeschmückte Giebel erfreut und durch alle Arten von Erkertürmchen«. Dies schrieb er 1814, kurz nachdem sein *Waverley* auf den Markt gekommen war, in dem er das mittelalterliche Schloß Tully-Veolan mit seinen »hochgestaffelten Dächern und den engen Giebeln« beschrieb, »mit einem Dach, das durch einige schwer zu beschreibende Arten von Vorsprüngen, genannt Erkertürmchen« gegliedert wurde. Dies war die Zeit, als landauf, landab die schottischen Burgbesitzer ihre einstigen Festungen im sogenannten Baronial Style umbauten. Wachtürme mit in luftiger Höhe umlaufenden Galerien, zinnengekrönte Mauern, Schießscharten und Pechnasen waren durch die fortgeschrittene Militärtechnik obsolet geworden und wurden fortan als Schmuckelemente genutzt. Vorspringende Aussichtstürmchen klebten wie Pfefferstreuer an den Fassaden, Dächer wurden mit schmückenden Zinnen verziert, Türme mit Zwiebelkuppeln versehen, Pechnasen wandelten sich zu ganzen Erkern, und überall wurden Balkone angebaut.

So etwas wollte Scott auch, und er ließ über viele Jahre bauen, anbauen und umbauen. Je mehr Geld er durch seine Bücher verdiente, um so mehr steckte er in sein Schlößchen und brachte eine ganze Reihe von architektonischen Zitaten an. Ein Tor stammt aus dem alten Tolbooth-Gefängnis von Edinburgh, eine Hofmauer ist dem Kreuzgang von Melrose

Die Bibliothek mit Lesepult

Abbey nachempfunden, der Haupteingang ist eine Kopie des Portals von Linlithgow Palace (dem Geburtsort von Maria Stuart), die Balkendecke der Bibliothek ähnelt der von Roslyn Chapel (einer über und über mit Schnitzereien verzierten Kirche im schottischen Örtchen Roslin), und die Eichentäfelung der Eingangshalle stammt aus der Abteikirche der Stadt Dunfermline (wo der große schottische König Robert Bruce begraben liegt) sowie aus dem königlichen Palast Holyrood in Edinburgh.

1820, mittlerweile waren sechs *Waverley*-Bände auf dem Markt, schrieb er an seine Frau: »Ich habe einen sehr erfreulichen Plan für den Ausbau von Abbotsford, durch den, so denke ich, das Haus vollkommen wird, mich mit einer gemütlichen Bibliothek versorgt und Dich mit einem Wohnzimmer sowie einem besseren Schlafraum und mit Gästezimmern für Besucher. Es wird mich ein wenig harte Arbeit kosten, das Geld dafür aufzubringen, aber ich war ja für eine gute Weile recht müßig.« Was mag Scott unter »müßig« verstanden haben? Bis zu diesem Zeitpunkt hatte er sechs Romane und vier lange Versromanzen geschrieben, er war im Hauptberuf bestallter Sheriff einer Grafschaft und führte ein anstrengendes, an vielen sozialen Verpflichtungen reiches öffentliches Leben. Von Müßiggang konnte keine Rede sein, und in späteren Jahren sollte er noch einmal nicht nur einen, sondern gleich zwei Gänge zulegen.

Als sein Traum dann fertig war, sprach er von Abbotsford, als wäre es eine seiner literarischen Produktionen: »Was für eine Romanze von einem Haus habe ich geschaffen, das weder ein Schloß noch eine Abtei ist (Gott bewahre), sondern ein alter schottischer Herrensitz; es ist ein Bravourstück der Architektur oder, wenn Du so willst, das, was eine Romanze in der Poesie oder ein Melodram im Theater ist.« Scott war außerordentlich stolz auf seine Kreation: »Es ist ganz sicher eine Art von Rätselschloß, das einer phantasievollen Person durch seinen Stil und seine Art Vergnügen bereitet.«

Seine Zeitgenossen waren da ganz anderer Ansicht. Theodor Fontane notierte nach einem Besuch mit gemischten Gefühlen: »Der Bau übernimmt wider Willen die Beweisführung, daß sich eines nicht für alles schickt und daß die Wiederbelebung des Vergangenen, das Ausschmücken einer modernen Schöpfung mit den reichen poetischen Details des Mittelalters, auf einem Gebiet bezaubern und hinreißen und auf dem anderen zu einer bloßen Schnurre und Absonderlichkeit werden kann. Es fehlt der Geistesblitz, der stark genug gewesen wäre, die widerstrebenden Elemente zu etwas Einheitlichem zusammenzuschmelzen.« Fontane hatte es genau erfaßt! In seiner Gedankenwelt steckte Scott tief in der Geschichte, doch seine Absicht als Schriftsteller mußte es sein, seinen zeitgenössischen Lesern einen Zugang zu dieser Vergangenheit zu öffnen, in dem er die Vergangenheit in der Gegenwart praktisch immer wieder neu erfand. So lebte er gleichzeitig in der Historie und in der Gegenwart. Nichts dokumentiert dies besser als Abbotsford House, das äußerlich einer mittelalterlichen Burg gleicht, im Innern aber technisch auf dem allerneuesten Stand war. Abbotsford war das erste Privathaus Europas, in dem nach Einbruch der Dunkelheit eine Gasbeleuchtung für Licht sorgte. 1823 wurde die Neuerung installiert, und John Gibson Lockhart berichtet detailliert in seiner monumentalen Scott-Biographie über die Freude des Hausherrn an der technischen Spielerei. Scott überzeugte sich gerne selbst, daß jede neumodische Anschaffung nicht nur stilvoll war, sondern auch noch wirtschaftlich. »In unserem neuen Haus könnten wir uns durch die permanente Anschaffung von Öl und Wachskerzen glatt ruinieren. Gas ist ideal für uns. Ich sah nie eine Erfindung, deren Resultate eine größere Befriedigung brachten.« Die Premiere der neuen Illumination fand dann natürlich zusammen mit handverlesenen Gästen bei einem abendlichen Dinner statt. Lockhart berichtet, daß »niemand von den Gästen in den drei Kandelabern (von denen einer beträchtliche Dimensionen aufwies) die winzig kleine Perle roten Lichtes bemerkte. Das Dinner nahm seinen Lauf, die Sonne ging unter, und plötzlich, nachdem ein Schalter umgelegt wurde, füllte sich der Raum mit einem Schwall von Herrlichkeit, würdig dem Palast von Aladin. Die Juwelen blitzten, aber Wangen und Lippen sahen kalt und fahl aus in der grimmigen Beleuchtung; das Auge war des Lichtes überdrüssig, und die Augenbraue schmerzte, als die Sitzung sich in die Länge zog.« Lockhart, der wie die meisten Zeitgenossen des 19. Jahrhunderts den neuen Erfindungen recht skeptisch gegenüberstand, spekuliert dann gar darüber, ob Scotts Angewohnheit, recht nahe an der Gasflamme zu sitzen, sein Ableben nicht vielleicht sogar beschleunigt hatte.

John Ruskin, der führende britische Kunsthistoriker und Ästhet des 19. Jahrhunderts, besuchte Abbotsford sieben Jahre nach Scotts Tod, um Material für sein Buch *Häuser der Mächtigen* zu sammeln. Ruskin war entsetzt von dem, was er da sah. »Das Haus selbst beginnt mit einem schrecklich aussehenden Verlies-Bergfried, der sage und schreibe volle vier Fuß über das Dach hinausragt. Als nächstes kommt eine große platte Mauerseite, in deren Mitte und 20 Fuß über dem Boden das hölzerne Tor des alten Tolbooth-Gefängnisses von Edinburgh eingelassen ist, komplett mit Schlössern, Riegeln und klassisch dekoriert mit einem Architrav. Die Hauptfassade ist eine spleenige Kombination aus dem alten englischen Baronial, dem elisabethanischen Stil und der Melrose-Gotik – durcheinandergewürfelte, zakkige Flankentürme, die in Kaminen enden und über und über voller kopierter Formen aus Melrose sind.« Als er dann ins Innere kam, war Ruskin erstaunt, wie klein die Räume waren. Nachdem er die bleiverglaste Haustür geöffnet hatte, kam er »in die Eingangshalle, die so groß war wie die Kajüte eines Kaufmanns, aber ausgestattet, als wäre sie so voluminös wie der Louvre«. Was ihn dann aber am meisten empörte, war die Entdeckung eines kopierten Bogens der Melrose-Abtei, eines Bogens, »der konzipiert worden war, um den Geist in die höchsten Sphären religiöser Gefühle gleiten zu lassen« und der bei Scott als profane Kamineinfassung diente: »Das gab mir den Rest«. Für den Kunsthistoriker war dies der finale Beweis, daß Scott bei all seinem Unsinn über Mondschein in Melrose nicht das geringste Gefühl für die wahre Schönheit der Gotik besaß.

Scotts späterer Biograph A. N. Wilson schreibt in seiner 1980 erschienenen Studie über den *Laird of Abbotsford*, daß Scott sowohl mit seinen Büchern als auch mit Abbotsford House das Großbritannien des 19. Jahrhunderts architektonisch geprägt hatte. Wann immer man in britischen Städten ein neogotisches Rathaus findet oder die Haustür in einem Mittelklassevorort aus bunter Bleiverglasung besteht, oder die Scheiben einer Kneipe eingravierte Disteln oder gotische Schmuckelemente zeigen, so geht dies seiner Ansicht nach auf Sir Walter Scott, seine Romane und Abbotsford zurück.

Wilson bemerkt aber auch zu Recht, daß Abbotsford Scotts Ruin werden sollte. Wenn er in Ruhe die Tage in seiner Edinburgher Stadtwohnung verbracht und seine Honorare solide angelegt hätte, wäre er sicher zehn Jahre älter geworden, schreibt der Biograph. Statt dessen steckte er jedes verdiente Pfund entweder in Abbotsford oder kaufte mit dem Verdienst eine Sammlung schottischer Kuriosa zusammen. Anstatt sich selbst um seine finanziellen Angelegenheiten zu kümmern, überließ er dies seinen nicht immer zuverlässigen Verlegern. Der Konkurs von John Ballantyne ruinierte auch den finanziell so erfolgreichen Autor, der keinen einzigen Penny auf der hohen Kante hatte.

Das Arbeitszimmer

Sir Walter Scott
Porträt von John Watson Gordon

Zu besichtigen sind in Abbotsford House die Eingangshalle, das Arbeitszimmer, die Bibliothek, das Wohnzimmer, die Waffenkammer mit einem kleinen Vorraum und das Eßzimmer. Im Eßzimmer starb Scott am 21. September 1832 nach einem Schlaganfall. Man hatte den Sterbenden – wie es heißt – in seinem Bett dorthin gebracht, weil er von hier aus in seinen letzten Stunden einen ungehinderten Blick auf den Tweed hatte. Den großen Eßtisch ließ Scott in einer Londoner Möbeltischlerei aus den alten Eichenholzbalken des südschottischen Schlosses Drumlanrig Castle arbeiten. Die Bilder an den Wänden zeigen Scotts Urgroßvater, seine Großmutter, Barbara Haliburton, seine Frau Charlotte Charpentier und seinen Ururenkel, den General Sir Walter Maxwell-Scott. Das für den Besucher interessanteste Bild zeigt Annie, Scotts jüngere Tochter, die von dem Künstler J. Graham Gilbert im Stile einer Zigeunerschönheit gemalt wurde.

Der interessanteste Raum von Abbotsford ist das Arbeitszimmer mit der hohen umlaufenden schmiedeeisernen Galerie, auf der Scott seine umfangreiche Präsenzbibliothek hatte. In dem großen Schreibtisch wurden erst 1935 zwei Geheimfächer gefunden, in denen sich 57 Briefe Scotts an seine Frau befanden; zwei Jahre später erschienen *The Letters of Sir Walter Scott* als Band 12 der Gesamtausgabe. In der südöstlichen Ecke der Studierstube befindet sich eine Tür, die in einen kleinen Turmraum führt, von Scott »Speak-a-bit« genannt; hier hängt seine Totenmaske. Neben dem Fenster hängt ein Porträt von Rob Roy; Scott hatte über den schottischen Michael Kohlhaas einen populären Roman geschrieben.

Der kleinere der beiden Schreibtische ist aus dem Holz eines gestrandeten Seglers der spanischen Armada gearbeitet. Vom Arbeitszimmer betritt der Besucher die eigentliche Bibliothek mit über 9000 Bänden. In Vitrinen finden sich hier viele Exponate, die alle mit der britischen Geschichte zu tun haben, die Scott sammelte und für die er teilweise sehr viel Geld ausgab. So das Kreuz, das Maria Stuart zu ihrer Hinrichtung trug, die Pistole von Rob Roy, Haarlocken von Lord Nelson und Charles I., das Schießgerät von Bonnie Dundee, der mit seinen kiltgewandeten Hochländern 1689 die englischen Rotröcke in die Flucht schlug, eine Nachbildung der Totenmaske des schottischen Königs Robert Bruce, ein hölzernes Whiskey-Glas von Bonnie Prince Charlie, der 1745 versuchte, Schottland wieder für die Dynastie der Stuarts zu gewinnen; der Becher besitzt einen gläsernen Boden, so konnte Bonny Prince Charlie beim Trinken nicht meuchlings gemordet werden. In der Mitte des großen Raums steht ein mit Schnitzereien reichverziertes Lesepult. Über dem Kamin hängt ein großes Ölgemälde, das Sir Walters ältesten Sohn zeigt; der zweite Sir Walter trägt darauf eine schmucke Husarenuniform. In der Nische an der Ostseite der Bibliothek befindet sich eine Büste von Sir Walter Scott, die 1820 von dem Bildhauer Francis Chantrey geschaffen wurde. Zu Lebzeiten Scotts stand hier eine Figur von Shakespeare; am Tag des Begräbnisses ersetzte der Sohn diese Statue durch die Büste seines verstorbenen Vaters.

Das Wohnzimmer ziert eine handbemalte chinesische Tapete, die Sir Walter von seinem Cousin geschenkt bekommen hatte. Über dem Kamin finden wir ein großes Ölgemälde von dem bekannten englischen Porträtisten Henry Raeburn. Darauf sehen wir Sir Walter vor einer Ruinenkulisse und zu seinen Füßen Percy, einen Windhund, der sein Herrchen erwartungsvoll anblickt. Zwei weitere Porträts zeigen Scotts Vater und seine Mutter. Der niedrige Rolltisch und die Stühle sind eine portugiesische Arbeit und wurden Scott von König Georg IV. übereignet.

In der Eingangshalle und der Waffenkammer finden sich Rüstungen, Helme, Vorderlader, Pistolen, Spieße, Hellebarden, Schwerter, Schilde und Kanonenkugeln. Hier hängt auch ein doppelläufiger Karabiner, der einst dem Tiroler Freiheitshelden Andreas Hofer gehörte.

Schon zu seinen Lebzeiten empfing Scott in Abbotsford viele Gäste, so etwa William Wordsworth oder den amerikanischen Dichter Washington Irving. 1833, ein Jahr nach seinem Tod, besuchten bereits 1500 Literaturtouristen das Haus, dazu 20, so berichtet das kleine Guidebook über Abbotsford nicht ohne Stolz, aus den Vereinigten Staaten. Auch Queen Victoria war im August 1867 vor Ort und trank Tee mit der Familie. Weitere gekrönte Häupter des englischen Königshauses folgten über die Jahrzehnte, am 1. Juli 1988 schließlich Königin Elizabeth und ihr Mann Philipp, der Duke of Edinburgh.

Bis heute ist Abbotsford House im Besitz der Nachfahren von Sir Walter Scott.

Anreise: Abbotsford House liegt ca. 40 km südlich von Edinburgh und ca. 3 km westlich vom Abteistädtchen Melrose; von Melrose nimmt man die A 72 in Richtung Westen auf die größere Stadt Galashiels zu und biegt nach 2 km links in die A 609 ein (ausgeschildert).
Öffnungszeiten: Mitte März bis Oktober, Mo. – Sa. 10-17, So. 14-17 Uhr.

»Eine wunderbare Sache« – George Bernard Shaw in Shaw's Corner

»Wir stecken in den Qualen der Haussuche«, schrieb George Bernard Shaw – gemeinhin nur GBS genannt – im April 1904 an seinen Freund H. G. Wells. »Jetzt ist es Zeit, uns eine angemessene Wohnstätte vorzuführen, falls du eine an der Hand hast.« Leider hatte Wells – der »Erfinder« der *Zeitmaschine* – keine zur Hand und konnte nicht weiterhelfen. Trotz mehrfacher Besuche bei den Wells' und der damit verbundenen Recherche in der Umgebung fanden Shaw und seine Frau Charlotte nichts, was mit dem Wellsschen Heim »Spade House« vergleichbar gewesen wäre.

Doch ein gutes Jahr später endete die Suche mit der Entdeckung eines Pfarrhauses im Weiler Ayot St. Lawrence, in der Grafschaft Hertfordshire vor den Toren Londons. Charlotte mietete das Haus, aber sie und GBS hatten nicht ernsthaft vor, dort länger zu bleiben. Wenn man Shaw in späteren Jahren fragte, was seine Entscheidung für dieses Domizil beeinflußt hatte, so verwies er für gewöhnlich auf einen Grabstein des örtlichen Friedhofs. Dort war eine gewisse Mary Ann South bestattet, die von 1825 bis 1895 gelebt hatte, und die Inschrift auf ihrem Gedenkstein lautete: »Ihre Zeit war kurz.« Wenn also in Ayot – eine Gründung des 12. Jahrhunderts – siebzig Lebensjahre als kurz bezeichnet wurden, dann war die Örtlichkeit genau der richtige Wohnsitz für den künftigen Autor von *Zurück zu Methusalem*. Vierzehn Jahre wohnte das Paar hier zur Miete, und erst kurz nach dem Ersten Weltkrieg kauften sie das Anwesen – welches unter dem Namen Shaw's Corner bekannt wurde.

George Bernard Shaw wurde am 26. Juli 1856 als letztes von drei Kindern in Dublin geboren – »50 Jahre zu früh«, wie er später notieren sollte. Sein Geburtshaus in der Synge Street Nr. 33 nahe des Stadtzentrums steht noch heute und kann besichtigt werden. Es war »eine greuliche Hundehütte mit primitiven sanitären Anlagen«.

Der Kleine wuchs in einer absolut lieblosen Umgebung auf, hinzu kamen Armut, der Mangel an gesellschaftlicher Akzeptanz, die tägliche Sorge der Mutter, drei Kinder über die Runden zu bringen, und ein Trinker als Vater, der nichts zuwege brachte – »unter diesen Umständen spricht es sehr für die Menschlichkeit meiner Mutter, daß sie ihre Kinder nicht haßte«. Bei solch einem Familienleben verwundert es nicht, daß der Knabe nur eine kurze schulische Ausbildung bekam, die nicht in ein Universitätsstudium mündete. Ab 1871 saß er als Junior Clerk in einem Maklerbüro, vor Augen das eintönige Leben eines kleinen Kanzleischreibers. Was ihm in jenen Tagen half, war nach eigenem Bekunden die »Macht der Kunst«, es waren die Bilder des Dubliner Museums und die Musik, die ihm Kraft gaben. Schon früh erkannte er es als großen Vorteil, daß seine Eltern sich nicht an ihm interessiert zeigten, seine Freiheit war groß, sein Leben ohne familiäre Verpflichtung, alles kam nur auf ihn an. »Ich mußte alles auf die harte, halsbrecherische Weise lernen und wurde von Anfang an nur durch eigene Torheit klug.« Und an anderer Stelle heißt es: »Daß ich mit 78½ Jahren noch am Leben bin, verdanke ich wohl größtenteils der Tatsache, daß sie (Bessie) mich während meiner Kindheit völlig vernachlässigt hat, denn wenn sie versucht hätte, sich um mich zu kümmern, hätte ihre stupende, vornehmtuende Unwissenheit mich ganz gewiß umgebracht.«

Als Zwanzigjähriger folgte er seiner Mutter, die mittlerweile ihren Mann und ihre Kinder verlassen hatte und in wilder Ehe lebte, nach London. Dort hielt er sich mit Kunstkritiken für verschiedene Zeitungen über Wasser. Zwischen 1878 und 1883 schrieb er fünf Romane, die von den Verlegern alle mit vernichtendem Urteil abgelehnt wurden. Lediglich der letzte, *An unsocial socialist*, wurde als Serie in einer sozialistischen Zeitschrift abgedruckt. Nach der Lektüre von Karl Marx' *Kapital* wandte er sich intensiv kommunistischen Ideen zu und wurde führendes Mitglied der sozialistischen Fabian Society, für die er fortan programmatische Entwürfe formulierte.

In seiner literarischen Arbeit wandte sich Shaw in den Folgejahren dem Theater zu und schrieb für das allgemeine Publikum nur schwer verständliche Stücke. 1892 wurde sein erstes Drama, *Die Häuser des Herrn Sartorius*, aufgeführt und provozierte einen Skandal, das folgende Stück, *Frau Warrens Gewerbe*, ließ der Zensor erst gar nicht auf die Bühne. 1894 kam *Helden* in London und New York auf die Bretter, die die Welt bedeuten.

Als George Bernard Shaw 1898 Charlotte Payne-Townsend heiratete, waren beide Anfang vierzig, und das einzige was sie vereinte, war die Abneigung gegen die Ehe. Aber Shaw war krank, und sein Eheversprechen hatte für Charlotte mehr den Charakter der Anwartschaft auf ein zukünftiges Witwendasein. Statt auf Hochzeitsreise zu gehen, pflegte Charlotte ihren Gatten und sollte für den Rest des Lebens auch nichts anderes mehr tun. Die Ehe war nicht glücklich, und GBS pflegte seine Frau gewöhnlich als Drachen zu bezeichnen.

1899 wurden zwei weitere Stücke von ihm aufgeführt, und 1904 gelang ihm der Durchbruch mit gleich drei Dramen. Der Erfolg hatte sich endlich eingestellt, das Court Theatre in London zeigte nun regelmäßig seine Stücke, und bei der neuerlichen Aufführung von *John Bulls andere Insel* im Jahre 1905 saß auch König Edward VII. im Publikum und applaudierte. Binnen kurzem stieg Shaws Bekanntheitsgrad, und auch die Einkünfte begannen reichlich zu fließen. Shaw konnte sich nach einem repräsentativen Domizil umsehen, und so kamen er und seine Frau Charlotte nach Ayot St. Lawrence. Ab 1913 wurden seine Stücke in alle Sprachen übersetzt und auf den Bühnen der Welt gespielt.

Ayot ist auch heute noch ein verschlafener Ort, und man hat größte Mühe, dorthin zu gelangen, wenn man nicht einen eigenen fahrbaren Untersatz besitzt. Der Weiler ist so klein, daß er nicht einmal in einem britischen Straßenatlas verzeichnet ist. Von Wheathampstead, der nächstgrößeren Stadt, führt nur eine immer noch ungenügend asphaltierte, einspurige Straße dorthin. Als die Shaws in das Dörflein zogen, war es fast so, als hätten sie Quartier am Ende der Welt genommen, »wo das letzte wirklich bedeutende Vorkommnis vielleicht die Sintflut war«. Es gab zwei Kirchen, einen winzigen Tante-Emma-Laden, absolut keine Anbindung an das öffentliche Verkehrsnetz, bis in die dreißiger Jahre hinein keine Gas-, Wasser- oder Elektrizitätsversorgung und keine Zeitungszustellung. Das Pfarrhaus verfügte allerdings über einen eigenen Generator zur Stromerzeugung und einen Brunnen mit Pumpe für die Wasserversorgung. In diesem weltabgeschiedenen mittelalterlichen Dorf, an dem jegliche Errungenschaften der Zivilisation spurlos vorübergegangen waren, fühlte sich Shaw recht wohl, er nannte es »eine wunderbare Sache«. Angeblich war er nach Ayot gezogen, so erzählte GBS in späteren Jahren, »weil die Leute mich langweilen und ich mich hier vor ihnen verstecken kann«. Dazu paßt, daß er sich ab 1906 eine ganze Anzahl von Karten mit Absagen drucken ließ. In höflichem Ton teilte er darin mit, daß er nicht gewillt sei, Autogramme oder Interviews zu geben, keine Bücher signieren, Besucher empfangen oder Vorträge halten wolle, daß ihm Geburtstagswünsche auf den Nerv gingen, daß Spendenbitten bei ihm sinnlos seien und so weiter und so fort. Sein Biograph Michael Holroyd bemerkt: »Kurzum, er zählte auf, warum er so vieles nicht tun konnte, was er sein Leben lang tat.« Eine dieser Karten war mit dem folgenden Nachtrag versehen: »Sie ersehen aus der Notwendigkeit solcher vorgedruckter Karten, daß Obiges millionenfach verlangt wird. Die einzige Möglichkeit, niemanden durch Abfuhr vor den Kopf zu stoßen, besteht darin, jeden prinzipiell abfahren zu lassen.« Natürlich verstieß er ständig gegen seine eigenen Grundsätze, und selbst die Karten, auf denen der Vordruck ein Autogramm verweigerte, waren häufig signiert.

Das 1902 erbaute Pfarrhaus, ein einfacher dunkelroter und in späteren Jahren efeuumrankter Bau auf einem großen Grundstück in Hanglage, war umgeben von einem Gemüse- und Obstgarten und einem von Bäumen gesäumten Rasenareal. Es gab ein Eß-, Arbeits- und Wohnzimmer und dazu noch acht Schlafräume. Anfang November 1906 zogen die Shaws ein und mit ihnen die Dienstboten Henry und Clara Higgs, die auch schon für den Haushalt in London verantwortlich waren. Henry, genannt Harry, machte sich mit einem Helfer im Garten nützlich und pflegte die Rabatten, und Clara schaltete und waltete in der Küche zusammen mit zwei weiteren Mädchen aus dem Weiler. Fast ein halbes Jahrhundert sorgte das Ehepaar für die Shaws, und Anfang der vierziger Jahre dankte GBS es ihnen durch eine Würdigung in einem seiner Bücher: »Für Harry und Clara Higgs, ohne deren freundwillige Dienste ich nicht die Zeit gehabt hätte, meine Bücher und Stücke zu schreiben, noch irgendwelche Annehmlichkeiten im Alltag meines Lebens.« Und nach dem Tod der beiden ließ er ihnen auf den Grabstein schreiben: »Für viele Jahre hüteten sie sein Haus und den Garten in Ayot St. Lawrence in der Grafschaft Hertfordshire und versetzten ihn in die Freiheit, zu tun, was er am besten konnte«.

Es sollte mehr als ein Jahrzehnt vergehen, bis die Dorfbewohner ihren berühmten Nachbarn schätzen lernten. Zwar wußten sie von seinem literarischen Ruhm, doch hatte keiner auch nur eine Zeile von ihm gelesen, geschweige denn seine Stücke gesehen. Auch wußten sie natürlich von seiner sozialistischen Gesinnung; weil ihnen in späteren Jahren der Alte allerdings recht konservativ vorkam, nannten ihn die Bewohner von Ayot hinter vorgehaltener Hand auch »den wirklich großen Scheinheiligen«. Während des Ersten Weltkriegs schlug die Stimmung gegen den pazifistischen GBS gar in offenen Haß um. Der in England »Jingoism« genannte Hurra-Patriotismus wandte sich in voller Härte gegen den Autor von *Common Sense about War*. Erst als 1915 ein verheerender Schneesturm über Hertfordshire hinwegzog, lernten die Bewohner von Ayot Shaw etwas genauer kennen. Zusammen mit den anderen Männern des Weilers arbeitete er mehrere Tage von morgens bis abends, um die Schäden zu beheben und entwurzelte Bäume von den Straßen zu holen, damit Hilfe ins Dorf kommen konnte. Danach begannen die Dorfbewohner, sein Haus Shaw's Corner zu nennen, und auch der Steuereintreiber führte fortan diesen Namen in seinen Listen. Gegen Ende seines Lebens ließ Shaw dann ein schmiedeeisernes Gitter mit diesem Schriftzug vor dem Haus anbringen und fotografierte sich selbst, wie er hindurchlugte.

In späteren Jahren nutzte er seine Popularität, um die Lebensbedingungen in Ayot zu verbessern. Das Örtchen bekam eine Mülldeponie, auf Shaws Initiative wurden ein Omnibusverkehr auf die Beine gestellt, eine neue Straße gebaut und ein 25 m hoher Wasserturm in die umgebenden Wiesen gestellt, der fortan als Wahrzeichen des Weilers diente.

Einmal wurde er von den lokalen Autoritäten gebeten, in der Schule Preise für die besten Leistungen an die Schüler zu übergeben. Er erklärte sich dazu bereit, aber nur, wenn er gleichzeitig auch eine Ehrung stiften könnte »für die am schlechtesten erzogenen Jungen und Mädchen, deren weite-

Shaw's Corner, das ehemalige Pfarrhaus von Ayot St. Lawrence

ren Lebenslauf wir dann beobachten, um herauszufinden, wer es denn am weitesten gebracht hat«. Man verzichtete dankend auf sein Erscheinen.

Anlaß zu Spott in Ayot gab sein Äußeres; seine Kleidung war höchst ungewöhnlich. Beim kollektiven Holzeinschlag erschien er sehr zur Freude der Kinder behelmt, und bei Nacht illuminierte ihn ein heller Regenmantel. Beim Schneiden seiner Hecke trug er einen schon schwer lädierten Panama-Hut, einen an vielen Stellen gestopften und geflickten Seidenanzug, weißes Hemd mit einem beigen Kragen und eine Krawatte, deren ebenfalls beige Farbe sich mit der des Kragens biß. Spazierte er durchs Dorf, so hatte er ein schlechtsitzendes Jackett an, kniehohe Gamaschen, braune Schuhe, einen breitkrempigen Hut und ein voluminöses Cape. Im englischen Abendnebel wird man ihn sicher mit einer großen Fledermaus verwechselt haben.

Aber GBS ging nicht sehr oft vor die Tür. Vielmehr war es die Gewohnheit des Ehepaares, auf einer festgelegten Route durch den großen Garten zu spazieren. Immer wenn sie eine Runde vollendet hatten, legten sie einen Kieselstein auf das Fensterbrett. Nach fünf, sechs oder sieben Runden wechselten sie die Richtung und nahmen bei jeder Tour wieder einen Stein weg, bis die Gartenumrundungen ausbalanciert waren.

1908 drohte GBS an, daß er nun das Autofahren erlernen wolle, eine Neuigkeit, die seine Freunde tief erschreckte, denn schon beim Fahrradfahren hatte er sich als unbelehrbar erwiesen. Shaw erstand einen Lorraine-Dietrich mit 30 PS. Zuvor hatten er und Charlotte bei einem sogenannten Automobil-Professor Fahrunterricht genommen, der nicht viel fruchtete, und so wurde wenig später ein Chauffeur eingestellt. Dennoch ließ es sich GBS sehr zum Ärger von Charlotte nicht nehmen, auch alleine Spritztouren in die nähere und weitere Umgebung zu machen. Dabei las er dann

Landstreicher auf und versorgte sie großzügig mit Geld. Als Entschuldigung für solche Ausfahrten dienten ihm Artikel in verschiedenen Autozeitschriften, in denen er über seine Reisen berichtete – etwa: *Wie man eine Straße durch Verbreiterung enger macht.* Für die Bauern in Hertfordshire war Shaw ein wohlvertrauter Anblick, wenn er, stocksteif in seiner Karosse sitzend, mit der atemberaubenden Geschwindigkeit von 30 Stundenkilometern an ihnen vorbeiratterte und »dabei nicht nur Staub, sondern auch Mißmut aufwirbelte«.

Die Shaws erkundeten auch Irland, Frankreich, Nordafrika und die Schweiz in ihrem Automobil, und GBS lobte sich selbst, wie er die Karosse mutig und erfolgreich durch Schneewehen gesteuert hatte. Charlotte verabscheute jedoch schon bald das Auto mehr als ihren Mann. Wenngleich die eine oder andere Ausfahrt mit einer Kollision endete, fuhr Shaw nach glaubhaften Berichten der Bewohner von Ayot nie jemanden um, und aufgrund seiner Tierliebe steuerte er den Wagen schon mal in den Graben, wenn ihm ein Hund vor den Kühler geriet. Dem Bericht seines Chauffeurs entnehmen wir aber auch, daß er zumindest bei einer Gelegenheit anstatt auf die Bremse mit voller Kraft aufs Gaspedal trat.

Vier- oder fünfmal war GBS schon für die höchste Auszeichnung in der Welt der Literatur vorgeschlagen worden. 1926 dann, im Alter von siebzig Jahren, erhielt er den Nobelpreis für Literatur – »der Nobelpreis ist ein schauerliches Unglück für mich gewesen, es war fast so schlimm wie mein 70. Geburtstag« –, ausgerechnet der Mann wurde nun geehrt, der für Literaturpreise nie ein gutes Wort übrig hatte. »Sie verschlingen Geld, provozieren eine Menge dummes Geschwätz und gehen unweigerlich an irgendein zweitbestes Machwerk. Kunstwerke kann man nicht benoten.«

Als die Preisverleihung bekannt geworden war, schrieben

einige tausend Leute aus ganz Europa Briefe an GBS und baten um ein Darlehen – »meist um die ganze Summe«, wie er einen Freund wissen ließ. »Als später die Nachricht kam, daß ich abgelehnt hätte, schrieben mir wieder eine weitere Million oder so, daß ich, wenn ich reich genug wäre, so viel Geld wegzuschmeißen, es mir doch leisten könne, ihre Kinder zu adoptieren oder ihre Hypotheken abzuzahlen oder ihnen X Pfund zu überlassen, pünktlich rückzahlbar per nächsten Mai, oder ein unschätzbares Buch zu verlegen, in dem das Geheimnis des Universums erklärt wird. Es spricht sehr für die weibliche Tugend, daß nur zwei Frauen vorschlugen, ich solle sie als Mätressen übernehmen.« Die Popularität, die Shaw ohnehin schon weltweit besaß, steigerte sich noch einmal beträchtlich, nachdem bekannt geworden war, daß er das enorme Preisgeld großzügig ablehnte.

In Ayot galten die Shaws als gute Nachbarn, die Leute mochten sie, hielten das Paar für sympathische Sonderlinge. Und weil sie oft auf Reisen waren oder auch mehrmals im Jahr längere Zeit in London logierten, betrachtete man sie nicht als richtige Einheimische.

Shaw ließ sich durch nichts aus seiner Arbeitsroutine bringen. »Entweder schreibe ich unter allen möglichen Umständen oder ich schreibe überhaupt nicht. Einen beträchtlichen Teil meiner Stücke habe ich in der Eisenbahn von King's Cross nach Hatfield geschrieben.« Zu Hause in Ayot saß er pünktlich jeden Morgen schon vor acht am Schreibtisch. In späteren Jahren ließ er sich dort erst nach dem Lunch nieder, ging dann seine Post durch, schrieb Briefe, hielt schließlich eine Siesta, machte es sich dann mit der Lektüre eines Buches gemütlich und fiel dabei nicht selten erneut in Schlaf.

Leonard Woolf beschrieb GBS in seiner Autobiographie folgendermaßen: »Einer seiner befremdlichsten Züge war, daß er persönlich ein überaus freundlicher, wohlwollender, bezaubernder Mensch war und dabei fast die unpersönlichste Person, der ich je begegnet bin. Er war immer außerordentlich nett zu Virginia und mir. Wenn wir ihm irgendwo begegneten, kam er auf uns zu, begrüßte uns mit Wärme und Freude und begann gleich mit einer Kaskade von Worten, die vor Geist und Witz blitzten. Man konnte sich leicht geschmeichelt fühlen, als wäre man der einzige Mensch in Europa, mit dem der berühmte George Bernard Shaw in diesem Augenblick zu reden wünschte, aber wenn man ihm zufällig in seine etwas fischigen, eisblauen Augen sah, bekam man einen Schock. Sie schauten einen nicht an, man war gar nicht in ihrem Sichtbereich, sie sahen durch einen hindurch oder über einen hinweg in eine ferne Welt oder ein Universum, das fast ausschließlich von GBS bewohnt war, von seinen Gedanken und Gefühlen, seinen Vorlieben und Phantasien.«

Wie viele andere britische Schriftsteller besaß Shaw eine Schreibhütte im Garten. Dieser Verschlag war auf ein Fahrgestell montiert und konnte an verschiedene Orte gerollt werden, immer aus dem Schatten heraus und hinein in die Sonne. Die sogenannte Revolving Hut war per Telefon mit dem Haus verbunden und auch an das Elektrizitätsnetz angeschlossen. Shaw schrieb hier gerne, denn wenn unangemeldete Besucher kamen, konnte man im Haus guten Gewissens sagen, daß der Meister nicht vor Ort sei.

Zu Bett ging er spät, fast immer nach Charlotte und nicht ohne noch einen kurzen Spaziergang im Garten gemacht und einen längeren Blick auf die Sterne geworfen zu haben.

Schon vor dem Krieg war Charlotte krank geworden und ging nun kaum noch aus dem Haus. Am 12. September 1943 starb sie im Alter von 86 Jahren. Shaw schrieb an einen alten Freund: »Ihre lange Krankheit hatte sie gründlich verändert, und viele Sachen waren Qual und Pein (sie hatte

Halluzinationen), aber am Ende hörte der Kummer auf. Wie sie hier jetzt liegt, ist sie keine verkrüppelte alte Frau; sie ist genau so wie in ihrer ersten Jugend. Der Wandel ist unaussprechlich berührend.« Charlottes Tod traf ihn hart, wie die Leute in Ayot registrierten: »Er sah sehr traurig aus, und ich dachte eigentlich nicht, daß er zu solchen Emotionen fähig sei, aber er zeigte sie ganz offen.«

Kurz nach Charlottes Tod fragte GBS brieflich an: »Hat der National Trust Interesse oder Verwendung für so eine Lappalie? Ein Zehnzimmerhaus im Dorf Ayot St. Lawrence.« Der Sekretär der Stiftung kam an einem trüben Tag Anfang 1944 vorbei, sah sich von außen diese »häßliche dunkelrote Backsteinvilla« an, schaute sich gleichfalls in den »bei weitem nicht schön zu nennenden« Zimmern um und entschied natürlich, das Angebot anzunehmen. Shaw wollte allerdings nicht, daß sein Anwesen zu einem inhaltsleeren Museum verkomme, und so holte er viele Möbel und andere Besitztümer aus seiner Londoner Wohnung nach Ayot, um ordentlich Schwung in die Sache zu bringen. So auch den »hydraköpfigen Hutständer«, der heute in der Diele steht und sehr zur Freude der Besucher mit einer Ansammlung von skurrilen Kopfbedeckungen geschmückt ist. Im Sommer 1944 unterschrieb er die Übertragungsurkunde, wobei er Wert darauf legte, daß das Haus verkauft werden konnte für den Fall, daß nur wenige Besucher kämen.

Natürlich ist das Arbeitszimmer der interessanteste Raum des Hauses. Der Schreibtisch ist bis heute so belassen, wie man ihn nach Shaws Tod vorfand. Darauf befinden sich seine Schreibmaschine und drei Wörterbücher – Deutsch, Französisch und Italienisch – sowie ein historisches und biographisches Nachschlagewerk, die er allesamt bei seinen Arbeiten ständig benutzte. Rechts vom Schreibtisch findet sich ein Stehpult, an dem Shaw las; heute liegt darauf die Medaille, mit der ihn die Irish Academy of Letters 1934 ehrte. Über dem Stehpult hängt ein Foto von William Morris, den Shaw sehr verehrte und über den er einmal sagte, »daß sich in ihm vier große Männer vereinigt haben«. An dem kleinen Schreibtisch links saß GBS's Sekretärin, Mrs. Patch. Shaw war ein begeisterter Fotograf und verließ das Haus nie ohne eine Kamera. Zwei seiner Fotoapparate stehen auf dem obersten Bücherregal. Auf dem Sofa hielt Shaw gerne seine Siesta ab.

Im Wohnzimmer hängt über dem Kamin ein Gemälde von Charlotte, das drei Jahre vor ihrer Hochzeit mit Shaw in Rom von G. A. Sartorio gemalt worden ist. Auf dem Kaminsims steht eine Figur von Shakespeare, die GBS einmal in einem Kuriositätenkabinett gekauft hat, sowie eine kleine Statue von Jeanne d'Arc. Nach Charlottes Tod nutzte Shaw den Raum nur noch, wenn er Gäste hatte.

Das Eßzimmer zeigt ein Öl-Porträt von Augustus John, eine Kohlezeichnung von dem belgischen Künstler Léon de Smet und eine Reihe von frühen Stadtansichten aus Dublin. Shaw hatte die Angewohnheit, beim Essen zu lesen, und so zogen sich Lunch oder Dinner manchmal über zwei Stunden hin. Nach dem Abendessen saß er dann im Sessel neben dem Kamin und setzte seine Lektüre fort. Die Fotografien auf dem Kaminsims im Eßzimmer dokumentieren gut, wem die Sympathien von GBS galten: Gandhi, Lenin, Stalin, Harley Granville-Baker und Henrik Ibsen. Außerdem findet sich hier ein Foto von Nr. 33 Synge Street, seinem Geburtshaus.

Im ersten Stock befindet sich Shaws einfach möbliertes Schlafzimmer. In dem großen Eichenschrank hängen noch immer einige seiner Tweed-Anzüge. Links von der Tür befindet sich ein Gemälde von Léon de Smet, dessen Porträt-Zeichnung von Shaw wir schon im Eßzimmer gesehen haben.

Charlottes Schlafzimmer ist heute zu einem kleinen Mu-

G. B. Shaw im Garten seines Hauses, 1939

seumsraum gestaltet; in den Vitrinen befindet sich eine Vielzahl von Memorabilien.

»Mr. Bernard Shaw wird heute 90 Jahre alt«, verkündete die *Times* am 26. Juli 1946 in ihrer Headline auf der ersten Seite. Das war eher eine Belastung als eine Freude, denn der rüstige alte Herr hatte gehofft, »den Tag wie gewöhnlich in einsamer Arbeit und Meditation hinzubringen«, und wurde statt dessen mit einem enormen Festprogramm gestört.

Mit den Worten, »ich hoffe, ich werde Sie noch an Ihrem 100. Geburtstag interviewen können«, verabschiedete sich an diesem Tag ein junger Journalist von Shaw. Wer GBS kannte, weiß die Antwort: »Warum nicht, Sie sehen mir gesund genug dafür aus.«

Im September 1950 ging Shaw nach Einbruch der Dunkelheit mit seiner Baumschere in den Garten, wenig später hörte das Hausmädchen den Pfiff seiner Trillerpfeife, die er für Notfälle bei sich trug. Sie rannte in den Garten und fand Shaw am Boden liegend; beim Kappen eines Astes war er ausgerutscht und gestürzt. Der alte Mann hatte sich den linken Schenkel gebrochen. »Wenn ich dies überlebe, dann bin ich unsterblich«, soll er seinen Ärzten gesagt haben. Eine erste Operation verlief gut, doch GBS verweigerte einen zweiten Eingriff. »Ich bin hier in der Hölle«, klagte er einem Besucher sein Leid. Anfang Oktober wurde er aus dem Krankenhaus entlassen und kam zurück nach Ayot, wo er mehr als einmal seine Vitalität verfluchte, die ihn nicht sterben ließ. Doch nun sollte doch alles ganz schnell gehen. Er konnte nicht mehr arbeiten, der Lebenswille schwand rapide, er magerte ab, und am 31. Oktober sprach er seine letzten Worte: »Jetzt sterbe ich.« Sein Fieber stieg, GBS fiel ins Koma und starb in den frühen Morgenstunden des 2. November 1950. Nachdem der Tag angebrochen war, ging seine Haushälterin nach draußen und informierte die Shaw's Corner umlagernden Journalisten.

Der irische Staat stellte einen Antrag auf Repatriierung der Asche, um sie in der St. Patrick's Cathedral in Dublin neben der von Jonathan Swift zur ewigen Ruhe zu betten. Doch gerade das hatte Shaw nicht gewollt, »ich ziehe den Garten dem Kreuzgang vor, ich brauche die Jahreszeiten: Bäume und Vögel«.

Am 23. November wurde die Urne von Charlotte, die bis zu diesem Zeitpunkt in einem Kolumbarium in London gestanden hatte, nach Ayot gebracht. Der Nachlaßverwalter entleerte im Eßzimmer Shaws und Charlottes Urnen, vermischte die Asche der Eheleute und füllte sie in einen großen Aluminiumstreuer. Dann ging er zusammen mit seinen beiden Stellvertretern, Charlottes Bankbevollmächtigtem und dem Hausarzt der Familie, sowie einem die Öffentlichkeit repräsentierenden Journalisten und der Haushälterin in den Garten und begann die Asche auf den Beeten, den Wegen und zum Schluß rund um die verschiebbare Arbeitshütte zu verteilen. Hier auf den Gartenpfaden, wo jetzt der Nieselregen die Asche schnell verklumpte, war GBS noch wenige Wochen zuvor mit der Schauspielerin Lilli Palmer spazierengegangen und hatte ihr nach der Verabschiedung noch nachgerufen: »Na, habe ich eine gute Vorstellung gegeben?«

Fünf Wochen nach dem Tod von Shaw besuchte Harold Nicolson als leitendes Mitglied des National Trust zusammen mit zwei Kollegen das Haus und notierte in seinem Tagebuch: »Wir gehen zuerst in den Garten. Ein abfallendes Rasenareal mit struppigem Gras, durchschnitten von einigen Rosenbeeten. Eine Bank mit der Statue der heiligen Johanna. Eine Hütte, in der er arbeitete. Alles ist so, wie er es verlassen hat. Postkarten, Briefe, ein Kalender markiert seinen Todestag, merkwürdigerweise eine Bibel und ein Gebetbuch und Crockford's Directory, ein Paar Fäustlinge. Die Gartenpfade und die Beete um die Statue der heiligen Johanna sind noch immer bestreut mit seiner und Mrs. Shaws

Asche. Dies ist jetzt 15 Tage her, aber die Reste sind noch deutlich zu sehen. Gerade so wie das Zeugs, das Viti gegen Schnecken auslegt. Das Haus ist schrecklich und eigentlich nicht vermietbar. Es ist wichtig, das Mobiliar so zu belassen, wie es ist. Wir entscheiden, daß wir moralisch verpflichtet sind, das Haus zu nehmen. Ich bin nicht glücklich darüber. Ich glaube nicht, daß Shaw im Jahr 2000 noch eine große literarische Gestalt ist. Er ist ein erstaunlich brillanter Zeitgenosse, hat aber nicht die Klasse von [Thomas] Hardy.« Welch eine Fehleinschätzung!

Nach der Besichtigung von Shaw's Corner sollte der Besucher im Örtchen Ayot dann noch den Pub Brocket Arms aufsuchen, einen uralten Gasthof mit niedrigen Decken und einigen Gästezimmern. An schönen Sommertagen bekommt man im Garten auch einen nachmittäglichen Cream Tea serviert.

Anreise: Shaw's Corner liegt im Weiler Ayot St. Lawrence, ca. 30 km nördlich von London in einem Dreieck, das von den Städten St. Albans im Süden, Luton im Norden und Welwyn Garden City im Westen begrenzt wird; Ayot St. Lawrence befindet sich ca. 3,5 km nordöstlich des Dorfes Wheathampstead und ca. 3,5 km abseits der B 653. Die Ausschilderung in Wheathampstead lautet »The Ayots« (es gibt in der Umgebung nämlich neben Ayot St. Lawrence noch Ayot Green und Ayot St. Peter), im Weiler dann ist Shaw's Corner ausgeschildert.
Öffnungszeiten: April bis November, täglich außer Mo., Di., 13-17 Uhr.

»Wie ein Rüsselkäfer im Keks« – Robert Louis Stevenson in Skerryvore House

»An den unschlüssigen Käufer: Wenn Seemannsgarn zu Seemannssang, / wenn Wagnis, Sturm und Untergang, / wenn Segler, Piraten, vergrabnes Gold / und Inseln, wo die Brandung rollt, / wenn all die alte Sagenwelt, / wie man sie mir vordem erzählt, / die klüg're Jugend unsrer Zeit, / noch so wie einstmals mich erfreut, / dann sei's, fangt an!«

Welche jungen Leser, hatten sie erst einmal die spannende Abenteuergeschichte *Die Schatzinsel* in die Finger bekommen, konnten sie dann noch aus der Hand legen? Mit der Taschenlampe unter der Bettdecke verschlang ein jeder die aufregenden Erlebnisse des jugendlichen Jim Hawkins, der durch die Südsee segelt und in Kämpfen mit Piraten seinen Mann steht. Unvergessen die Anleitung zur Freiheit: »Fünfzehn Mann auf des toten Manns Kist / Johoo – und 'ne Buddel voll Rum / Sauf, und der Teufel besorgt den Rest / Johoo – und 'ne Buddel voll Rum.«

Robert Louis Stevenson, der so viel Spannung in unsere Kinderzimmer brachte und die jugendliche Phantasie mehr als beflügelte, wurde 1850 in Edinburgh in eine Familie hineingeboren, die in der Welt der Technik einen großen Namen trug. Seit drei Generationen hatten die Stevensons die wellenumtosten Küsten des Landes sicherer gemacht, den Kapitänen einen sicheren Weg gewiesen und insgesamt 88 Leuchttürme errichtet. Niemand in ganz Großbritannien verstand mehr von Leuchtfeuern als die Stevensons; nebenbei hatte Louis' Großvater, Robert Stevenson, die auf achtundzwanzig Bögen über den Tweed stelzende Royal Border Bridge erbaut. Im Geburtsjahr von Louis weihte Queen

Victoria das in damaligen Tagen gigantische Bauwerk ein. Mit dem Zug konnte man nun von London nach Edinburgh durchfahren – die Welt war wieder etwas kleiner geworden.

Louis wuchs in der Heriot Row Nr. 17 auf, mitten im Zentrum des »netzförmigen Parallelogramms« der georgianischen New Town; das Haus steht noch heute, ist allerdings von innen nicht zu besichtigen. Dem Besucher, der in der schottischen Metropole noch ein wenig weiter auf Stevensons Spuren wandeln möchte, sei Lady Stair's House empfohlen, einen Steinwurf von Edinburgh Castle entfernt an der Straße Lawnmarket (Royal Mile) gelegen; hier befindet sich ein kleines Museum, das mit vielen Exponaten an die drei bedeutendsten schottischen Dichter – Sir Walter Scott, Robert Louis Stevenson und Robert Burns – erinnert.

Die wichtigste Anregung in Louis' behüteter Kindheit gab ihm ganz zweifellos Mr. Skelt's Juvenile Drama, ein Spielzeugtheater, mit dem der Kleine immer neue Geschichten erfand und über das der Erwachsene später schrieb: »Was ist die Welt, der Mensch und das Leben denn anderes als das, was mein Skelt-Theater aus ihnen gemacht hat.«

In Schottlands Hauptstadt besuchte er die Schule und begann danach mit einem Ingenieurstudium, das er jedoch schon bald wieder abbrach. Robert Louis sollte die Familientradition fortsetzen und ebenfalls Ingenieur werden. Die Anfänge waren eigentlich vielversprechend gewesen; Louis gewann für einen Aufsatz über wechselnde Lichterfolgen an Leuchttürmen eine Silbermedaille der königlich-schottischen Kunstgesellschaft. Um überhaupt etwas zu studieren, wandte sich Stevenson der Juristerei zu und wurde 1875 in Edinburgh auch als Anwalt zugelassen. Ausgeübt hat er diesen Beruf jedoch nie.

Später plagte ihn jedoch das schlechte Gewissen, dem

väterlichen Berufswunsch getrotzt zu haben; so schrieb er in seinem Gedicht *Der Leuchtturmwächter*, daß sich Ingenieur und Literat nicht so sehr voneinander unterscheiden. Beide bringen Licht ins Dunkel, der eine mit den Mitteln der Technik, der andere mit kreativer Aufklärung. Dennoch: Der Vater war bitter enttäuscht und zeigte es auch. Robert Louis, der fast sein ganzes Leben finanziell von den Eltern abhängig blieb, wurde kurzgehalten. Das Verhältnis zwischen Vater und Sohn war gespannt, da Louis vehement die bürgerlichen Werte und Tugenden des Vater ablehnte. Als Bürgerschreck stolzierte er wie ein bunter Gockel durch seine Geburtsstadt mit langen Haaren, bestickten Phantasiekappen oder einem federgeschmückten Hut auf dem Kopf. Da er an Tuberkulose litt, schätzte er sich glücklich, daß sein Leiden ihn zwang, regelmäßig in entfernte, gesündere Gefilde zu übersiedeln.

In Südfrankreich wandelte er sich zum frankophilen Bohemien, und in Paris fand man ihn in den Künstlerkreisen des Quartier Latin, in denen die Dekadenz skurrile Blüten trieb. Der pragmatische Schotte ließ sich allerdings davon nicht anstecken, weder rauchte er Opium, noch betrank er sich mit Absinth. Gilbert Keith Chesterton hat in seiner 1927 erschienenen Stevenson-Biographie geschrieben: »Stevenson schien zu den Semi-Selbstmördern, die an den Café-Tischen hingen, Absinth soffen und über Atheismus diskutierten, sagen zu wollen: Hängt euch doch auf! Der Held eines Drei-Groschen-Dramas ist mehr wert als ihr! Ein buntes Groschenheft ist für lebendige Menschen künstlerisch wertvoller als die Kunst, die ihr vertretet.«

Stevenson besuchte die Künstlerkolonien in Fontainebleau und Grez, und hier lernte er die zehn Jahre ältere Amerikanerin Fanny Osborne kennen. Zwar war sein Werben von Erfolg gekrönt, doch Fanny war noch verheiratet und suchte mit ihren zwei Kindern Belle und Lloyd nach ökonomischen Sicherheiten, die ihr der »spätviktorianische Zigeuner« nicht bieten konnte. Der bis über beide Ohren verliebte Louis ließ aber nicht locker, folgte Fanny von Glasgow aus auf einem Auswandererschiff nach New York und von dort mit der Eisenbahn quer durch den Kontinent nach Kalifornien in einer äußerst strapaziösen Reise, fror, hustete und spuckte Blut in einem eiskalten amerikanischen Winter. Wochenlang rang er mit dem Tod, bevor er sich langsam erholte. Am 19. Mai 1880 heiratete der dreißigjährige Robert Louis Stevenson in San Francisco Fanny Osborne; die Hochzeit sollte eine verhängnisvolle Wende in seinem Leben markieren.

Mit seiner frisch angetrauten Frau und ihren beiden Kindern kehrte Stevenson nach Schottland zurück. Louis' Freunde zeigten sich entsetzt; sein literarischer Förderer, der amerikanische Romancier Henry James, beschrieb Fanny als »arm an Geist, barbarisch und nur von Instinkten gelenkt«. Da war Wahres dran! Kaum zurück in Schottland, begriff sie, wie sehr Louis am väterlichen Geldbeutel hing, und begann mit jugendlichem Charme den Schwiegervater zu umgarnen. Louis arbeitete zwar diszipliniert und schrieb viel, doch war er noch weit davon entfernt, seine Familie als Schriftsteller ernähren zu können. Und Fanny, die Elend und Armut in ihrer Jugend kennengelernt hatte, war dem Luxus durchaus nicht abhold. Die finanzielle Situation in den ersten Ehejahren blieb stets prekär, und Louis notierte einmal in hellsichtiger Eigenironie: »Wie ein Stehaufmännchen falle ich immer wieder auf die Füße, aber die Beine sind die meines Vaters.«

Stevenson versuchte sich in fast jedem Genre; er schrieb Reisebücher, Gedichte, Dramen, Essays, Kinderbücher, journalistische Artikel und erkannte als Lohnschreiber durchaus die Zeichen der Zeit: »Literatur ist zuerst einmal nicht weniger und nicht mehr als eine Ware.« So paßte er sich denn folgerichtig den Erfordernissen des Marktes an und setzte auf Unterhaltung: »Es ist die Aufgabe der Literatur, das Abstrakte und Bedeutsame mit Leben zu füllen und den nüchternen Fakten Charme einzuhauchen.« Wie ein Autor das zu bewerkstelligen hat, verriet er uns auch: »Die Liebe zur Sprache und nicht der Wunsch, neue Inhalte an die Öffentlichkeit zu bringen, und die Liebe zur ästhetischen Form machen die Berufung des Schriftstellers aus.«

Doch bei aller Begeisterung für die Kunst blieb der Schotte realistisch: »Natürlich ziehe ich das richtige Leben der Kunst vor, und es ist eine weitaus schönere Sache, verliebt zu sein oder sich einer Gefahr auszusetzen, als das schönste Bild zu malen oder das beste Buch zu schreiben.« Damit hatte sich Stevenson den Respekt seiner Zeitgenossen erworben. Die Zeitschrift *Athenaeum* ernannte ihn »zum Hofdichter für den Spaß am Leben«, und der Poet Gerard Manley Hopkins verglich ihn mit dem zweiten großen Literaten Schottlands, mit Sir Walter Scott, und schrieb: »Robert Louis Stevenson zeigt auf einer Seite mehr Genie als Scott in einem ganzen Band.«

1883 kam *Die Schatzinsel* auf den Markt, eroberte sogleich die Herzen der Leser und machte den Autor schlagartig zu einem bekannten Mann.

In seinem Essay *Mein erstes Buch* hat Stevenson beschrieben, wie ihm die Idee zur *Schatzinsel* kam: Eines Nachmittags zeichnete er gedankenverloren »die Landkarte einer Insel, sie war sauber ausgearbeitet und, wie ich glaube, schön koloriert; ihr Umriß beschäftigte meine Phantasie, ohne sich ausdrücken zu können; es gab Häfen, die mir so gut wie Sonette gefielen; und im Unbewußtsein des vom Schicksal Bestimmten nannte ich meine Darstellung Schatzinsel. Während ich mich in die Karte der Schatzinsel vertiefte, begannen auf etwa diese Weise die zukünftigen Figuren des Buchs dort zwischen imaginären Wäldern sicht-

Robert Louis Stevenson

bar zu werden. Und ihre gebräunten Gesichter und funkelnden Waffen sahen mich aus unbekannten Gegenden an, während sie auf den wenigen Quadratzentimetern einer einfachen Projektion kämpften und auf Schatzsuche hin- und herwanderten.«

Fanny verabscheute die Abenteuergeschichte; erst nach Stevensons Tod lobte sie die *Schatzinsel* als Meisterwerk, denn nun sicherten die stetigen Tantiemen ihren aufwendigen Lebensstil.

Der große finanzielle und literarische Erfolg der *Schatzinsel* löste jedoch die privaten Probleme nicht; Fanny hatte fast sämtliche Freunde von Louis vergrault und quälte ihren Mann mit hypochondrischen Anfällen; Belle und Lloyd, ihre zwei Kinder, zogen ihrem ständig kränkelnden Stiefvater den letzten Pfennig aus der Tasche.

In regelmäßigen Abständen warfen Lungenblutungen den hageren Schotten aufs Krankenlager. 1884 war ein schweres Jahr für ihn, mit vierunddreißig Jahren stand er zum zweiten Mal an der Schwelle des Todes. Ein behandelnder Arzt erklärte ihn für verloren, aber Fanny schrieb in ihren täglichen Bulletins an einen engen Freund: »Ich kenne Louis besser als die Ärzte und habe ihn noch nicht aufgegeben.« Doch war er so schwach, daß er nicht reden konnte, und in einem klaren Moment kritzelte er auf einen Zettel: »Fürchte Dich nicht, wenn dies der Tod ist, dann kommt er leicht!« Doch Fanny behielt recht, und Louis erholte sich langsam wieder.

Vier Jahre nach der Hochzeit ließen sich die Stevensons im südenglischen Seebad Bournemouth nieder; der Golfstrom bescherte dem lungenkranken Stevenson an der Südküste ein halbwegs erträgliches Klima. Nachdem die Familie an wechselnden Orten der Stadt gelebt hatte, zog sie im April 1885 in Skerryvore House ein, das sich im vornehmen Stadtteil Westbourne oben auf den Kreideklippen und hoch über der See befand. Fanny schrieb an einen Freund: »Wir sind gerade in unser liebliches Haus eingezogen. Es ist wichtig zu wissen, daß wir nun ein wirkliches und wahrhaftiges Heim haben und in Zukunft nicht mehr wie Noahs Taube mit einem Olivenzweig im Mund herumfliegen müssen.«

Selbstverständlich hatte der alte Stevenson einen ordentlichen Zuschuß zum Kauf beigetragen und zusätzlich noch einmal 500 Pfund für die Möblierung. Mit einem etwas bitteren Unterton notierte der Sohn: »Es ist ein Glück für mich, daß ich einen Vater habe, ansonsten wäre ich wohl schon längst tot.«

Das Anwesen benannte Stevenson nach einem Leuchtturm, den sein Onkel einst an der schottischen Westküste auf einem ständig von Wasser überspülten Kliff errichtet hatte und dessen Bau in jenen Tagen als technisches Meisterwerk gefeiert wurde.

Hier in Skerryvore vergrub sich Stevenson nun nach eigenen Worten »wie ein Rüsselkäfer in einen Keks«. Der Karikaturist Lesley Ward hat uns eine Radierung des Hauses hinterlassen. An der linken Seite zieht sich ein Erker über beide Stockwerke, rechts ziert ein Erker nur das Erdgeschoß. Das Dach ist steil und mit den vielen unvermeidlichen und typisch englischen Kaminrohren bestückt. Aus Stevensons Biographie erfahren wir noch ein wenig mehr über das Haus. Es war aus gelben Ziegeln gemauert, an vielen Stellen mit Efeu überzogen und mit bläulich schimmernden Schieferplatten gedeckt. Das gesamte Grundstück war etwa einen halben Hektar groß, der weite, baumbestandene Rasen fiel in ein kleines »Tal« ab, durch das ein plätschernder Bach floß, an dessen Ufern im Sommer leuchtendrote Rhododendronbüsche, violettes Heidekraut, gelber Ginster blühten und einige Krüppelkiefern standen. Diese Szenerie erinnerte Stevenson an die Highlands seiner schottischen

Heimat. Am Haupteingang des Hauses ließ Louis ein originalgetreues Modell des Skerryvore-Leuchtturms aufstellen, in dem abends tatsächlich auch ein Licht flackerte, und hinten im Garten hing eine alte Schiffsglocke.

Fanny, die eine begeisterte Gärtnerin war, kümmerte sich um den Garten, pflanzte neue Obstbäume, zog Rosenstöcke hoch, säte Lilien und Tomaten, terrassierte den Abhang und legte dort Pfade an, damit Stevenson etliche Plätze fand, wo er an warmen Tagen in freier Natur schreiben konnte.

Doch war Stevenson laut eigenem Bekunden in Bournemouth nicht sonderlich glücklich. Hier fühlte er sich gleich zweimal wie in einem Gefängnis, einmal aufgrund seiner Krankheit, die körperlich anstrengende Eskapaden nicht zuließ, und dann, weil er sein bohemehaftes Leben zugunsten einer festen Existenz aufgegeben hatte und sich damit nun in den Fängen der Bourgeoisie wähnte – einer gesellschaftlichen Schicht, deren Werte er immer abgelehnt hatte. »Was um Himmels willen hält das Schicksal für RLS bereit«, notierte er, »der 1.) keinen mehr draufmachen, 2.) nicht mehr gehen, 3.) nicht mehr trinken, 4.) nicht mehr segeln und 5.) nicht mehr rauchen darf. So sieht die Sache aus.« Den »Einsiedler von Skerryvore« nannte er sich selbst.

In rascher Folge entstanden hier in Skerryvore House *A Child's Garden of Verses*, *More Arabian Nights*, *Prince Otto*, *Der seltsame Fall von Dr. Jekyll und Mr. Hyde*, *Entführt*, *The Merry Man* sowie *Underwood*.

Viele Reime der gerade genannten Gedichtsammlung für Kinder, *A Child's Garden of Verses*, sind heutzutage in Großbritannien noch immer weit verbreitet und so bekannt, daß sie fast alle Briten für altes Liedgut oder Folklore eines vergessenen oder ungenannten Autors ansehen.

Im Januar 1886 kam die Novelle von *Dr. Jekyll und Mr. Hyde* auf den Markt, die Kritiker überboten sich in ihrem

Lob, und die Leser rissen im wahrsten Sinne des Wortes den Buchhändlern die erste Auflage aus den Händen. Es ist die Geschichte einer gespaltenen Persönlichkeit. Der Arzt Dr. Jekyll möchte mehr über die schlechten Eigenschaften des Menschen erfahren; so verändert er sich mittels einer Droge in eine Persönlichkeit, die nur aus seinen bösen Charakterzügen besteht; das Experiment läuft aus dem Ruder, der Wüterich tobt regelmäßig des Nachts als Mr. Hyde durch die Straßen und begeht einen grauenvollen Mord. Als man ihn entdeckt, nimmt sich Dr. Jekyll das Leben. Der Erfolg war immens, *Jekyll und Hyde* wurde zum Bestseller. Innerhalb von sechs Monaten gingen in Großbritannien 60000 Exemplare über die Ladentische der Buchhändler, in den USA waren es 250000 Bücher.

Ungeachtet des literarischen Erfolges hatte sich die häusliche Situation weiter verschlechtert. Louis litt schwer unter seinem mittlerweile geistesgestörten Vater, seiner hysterischen Mutter und der neurotischen Fanny; deren nutzloser Sohn Lloyd war ein Tunichtgut, der nichts, was er anfing, zu Ende brachte, aber steigenden Unterhalt von seinem Stiefvater forderte. Und zu guter Letzt unterstützte Louis Fannys Tochter Belle und deren faulen Ehemann mit beträchtlichen Summen. Mit dem Tod des Vaters dann hatten die finanziellen Schwierigkeiten endgültig ein Ende. Stevenson erbte 3000 Pfund, seine Mutter erhielt jährlich 2000 Pfund aus den Gewinnen der Ländereien, deren Wert sich auf 26000 Pfund belief. Das waren für die damaligen Zeiten äußerst erkleckliche Summen. Mit einem solchen Erbe konnte Louis sich erst einmal von der Lohnschreiberei erholen. Das war auch gut so, denn mit seiner Gesundheit stand es nach wie vor schlecht. Und er wollte jetzt weg von Bournemouth, ja sogar fort aus Großbritannien.

Finanziell nun unabhängig, suchte er auf Anraten seines Arztes nach einem Ort mit gutem Klima. Die Medizinflaschen auf dem Kaminsims und das Blut in seinem Taschentuch erzwangen einen Ortswechsel. Nach einer ausgedehnten Tour durch die USA und einem langen Segeltrip in der Südsee ließ sich der vierzigjährige Stevenson mit seiner Familie 1890 auf der Samoa-Insel Upolu nieder. Während der Reise war es zu einem Skandal gekommen; ein amerikanisches Magazin hatte nur deshalb eine Kurzgeschichte von Fanny veröffentlicht, weil sie die Frau des berühmten Robert Louis Stevenson war. Doch die Idee und der Handlungsrahmen stammten nicht von ihr, Fanny hatte sich bei einer Freundin von Louis bedient und sich des Plagiats schuldig gemacht.

Lloyd, Louis' Stiefsohn, hat später beschrieben, wie groß die Freude von Stevenson war, als er England endlich verlassen konnte. »Er war überglücklich, er jubilierte sogar. Er war schlichtweg glücklich, verschwinden zu können, je schneller, desto besser.«

Auf Upolu ließ Stevenson ein großes Haus mit vielen Zimmern, großen Fenstern und umlaufenden Veranden errichten, dem er nach englischer Sitte einen Namen gab: Vailima – ein Haus »so ähnlich wie ein Musikpavillon in einem deutschen Biergarten«. In sarkastischen Momenten bezeichnete er sein Heim auch als »mein Abbotsford« und spielte damit auf den Namen des Anwesens von Sir Walter Scott an. Manchmal leistete er sich auch ein Wortspiel und nannte es Sub-Priorsford, was soviel wie eine Unterversion von Abbotsford bedeutet.

Das große Haus und der Lebensstil der Stevensons verschlangen Unsummen an Geld, und Louis machte sich wieder diszipliniert an die Arbeit. Um zusätzlich Geld in die Haushaltskasse zu bekommen, hatte er sich schon vor Beginn des Umzuges verpflichtet, für eine amerikanische Zeitschrift Reiseberichte aus der Südsee zu liefern. Die gesammelten Artikel erschienen nach seinem Tod als Buch. Es ist erstaunlich zu lesen, daß Stevenson seine zweite Heimat bei aller Begeisterung für die Schönheit der Inseln nicht oberflächlich verklärte oder idyllisierte, sondern den Untergang einer Kultur dokumentierte durch den schädlichen Einfluß der Kaufleute und Missionare, durch Alkoholismus und die von den Weißen eingeschleppten Seuchen.

Am 3. Dezember 1894, ganz früh am Morgen, brach der vierundvierzigjährige Robert Louis Stevenson plötzlich zusammen und fiel ins Koma, um zehn Minuten nach acht war er tot. Er starb nicht an der Tuberkulose, sondern an einem Schlaganfall, ausgelöst durch Streß und Überarbeitung. Die Zeitschrift *Athenaeum* schrieb in einem Nachruf: »Er nahm uns mit hinaus an die frische Luft und machte uns sensibel für das einfache Leben und für die Abenteuer der Menschen.«

Begraben wurde Stevenson auf dem Gipfel des Berges Vaea, ein sarkophagähnlicher Stein bedeckt seine letzte Ruhestätte. Schon zehn Jahre zuvor hatte er sein eigenes Requiem geschrieben, diese Verse sind nun auf einer Bronzeplatte eingraviert: »Under the wide and starry sky / dig the grave and let me lie. / Glad did I live and glad did I die / and I laid me down with a will: / This be the verse you grave to me: / Here he lies where he longed to be. / Home is the sailor, home from the sea / and the hunter home from the hill.«

Sein einstiges Haus in Bournemouth – Skerryvore – wurde 1940 von einer verirrten Bombe der reichsdeutschen Luftwaffe getroffen und zerstört. Heute erinnert auf dem Grundstück ein kleiner Park an Stevensons dreijährigen Aufenthalt in dem Seebad, und darin steht – wie früher vor der Haustür – eine maßstabsgetreue Nachbildung des Skerryvore-Leuchtturmes.

Anreise: Bournemouth liegt ca. 130 km südlich von London an der englischen Kanalküste. Der kleine Skerryvore-Park erstreckt sich am Ende der Robert Louis Stevenson Avenue.

Lady Stair's House, mit den Exponaten zu Robert Louis Stevenson, Sir Walter Scott und Robert Burns, befindet sich in Edinburgh, in dem Hinterhof Lady Stair's Close an der Straße Lawnmarket, die mit ihren beiden weiteren Verlängerungen die Royal Mile bildet, die schnurgerade Verbindung zwischen Edinburgh Castle und dem königlichen Holyrood Palace.

Öffnungszeiten: täglich außer So. 10-17 Uhr; während des Edinburgh Festival (Mitte August bis Anfang September) auch So. 14-17 Uhr.

»Der walisische Rimbaud« – Dylan Thomas im Boat House

Besucher, die im walisischen Swansea die lange Strandpromenade entlangfahren, bemerken sie nur selten. Bei Ebbe, wenn sich das Wasser aufgrund des hohen Tidenhubs weit zurückgezogen hat, wühlen sommers wie winters zahlreiche Männer im Schlick; sie alle suchen nach Cockles, kleinen Herzmuscheln, der ebenso teuren wie leckeren lokalen Spezialität. Vor einigen Jahren kamen Arbeitslose aus Liverpool angereist, um am Cockles-Boom zu partizipieren und ein schnelles Pfund zu machen; doch die Anwohner sahen das gar nicht gerne, und schon flogen die Fäuste. Den Engländern war das eine Warnung, bisher kamen sie nicht zurück, und seitdem tragen die Waliser von Swansea ganz besonders gerne ihr T-Shirt mit der Aufschrift: »Keep Wales tidy. Drop your litter in England!« Die zweite lokale Spezialität – das sei hier nur kurz erwähnt – ist Laverbread, gerösteter Seetang (The Poor Man's Caviar), der gerne zum Frühstück gegessen wird.

Doch wie gesagt, Besucher, die in Swansea einfahren, wissen von alldem meist nichts. Einige von ihnen sind auf der Suche nach den Spuren von Dylan Thomas. Der wurde am 27. Oktober 1914 hier in Swansea im Cwmdonkin Drive Nr. 5 (das walisische »w« wird wie ein »u« gesprochen) geboren – in der »häßlichen, der wunderschönen Seestadt, die sich an einer langen, herrlich geschwungenen Küste ausbreitet, wo Schulschwänzer und Strandläufer und alte Männer nach Strandgut suchten, umhertrödelten, wateten und den Schiffen nachsahen, wie sie hafenwärts zogen oder fortdampften ins Abenteuer, nach Indien, ins Wunder und nach China – in Länder, die nach Apfelsinen dufteten und widerhallten vom Löwengebrüll.« (Das kleine und unscheinbare

Geburtshaus steht noch immer, es ist jedoch von innen nicht zu besichtigen.)

Den ungewöhnlichen Vornamen Dylan hatten die Eltern im *Mabinogion* gefunden, dem sprachgewaltigen mythologischen Sagen-Epos von Wales. Seine Jugendtage verbrachte der kleine Dylan ganz in der Nähe seines Geburtshauses mit anderen Kindern im ausgedehnten Cwmdonkin Park, wo man nach Herzenslust umhertollen konnte; nach seinem frühen Tod 1953 haben hier die einstigen Spielkameraden einen einfachen Stein aufstellen lassen, in den – mittlerweile schon arg verwittert – die letzten drei Zeilen seines Gedichtes *Fern Hill* eingemeißelt sind: »Oh, als ich jung war und leicht in seiner gewaltigen Kräfte Gnade, / Hielt Schwager Zeit mich, grün und sterbend / Ob ich auch sang in meinen Ketten wie die See.«

Das ausgedehnte Gartenareal – heutzutage ein beliebter Platz der Boule-Spieler von Swansea – inspirierte Dylan zu seinen ersten Gedichten, in denen er die vertrauten Gestalten seiner Kindheit nachzeichnete, so etwa den buckligen Obdachlosen, der immer in einer Hundehütte des Parks übernachtete: »Die ganze Nacht im ungemachten Park / Nachdem die Gitter und Sträucher efeuumschlungen / Die Vögel Steine Gräser die er barg / Und die wie Erdbeeren unschuldig wilden Jungen / Dem Buckligen nachgefolgt waren / Zu seiner Hundehütte dunklem Sarg.« Als er das schrieb, war er siebzehn, das Genie kündigte sich schon früh an, und respektvoll nannten ihn seine Freunde und Mitschüler den Rimbaud vom Cwmdonkin Drive.

Zwischen seinem 16. und seinem 19. Geburtstag hatte Dylan die fruchtbarste Schaffensperiode seines Lebens; häufig kam es vor, daß er die Schule schwänzte, um zu schreiben. Als ihn einmal der Direktor dabei erwischte, wie er sich aus der Klasse stahl, schallte ihm die Frage entgegen: »Wo soll es denn hingehen, Thomas junior?« »Nach Hause, um zu dichten!« »Gut, gut, dann laß dich aber nicht erwischen!« In dieser Zeit schrieb er sage und schreibe 212 lange Gedichte, also umgerechnet pro Woche eins; dies waren doppelt so viele, wie er in den folgenden zwanzig Jahren zu Papier bringen sollte. Und dabei handelte es sich beileibe nicht um einfache Fingerübungen auf der Klaviatur der Metrik, sondern um bereits äußerst elaborierte Verse eines Könners, wie ein drittes Beispiel hier zeigen mag: »Die Kraft die durch die grüne Zündschnur treibt die Blüte / Treibt meine Jugend; sie die des Baumes Wurzel sprengt / Zerstört auch mich. / Und ich bin stumm vor der gebrochnen Rose / Mich Jungen beugt dasselbe Wechselfieber.

Die Kraft die durch die Felsen treibt das Wasser / Treibt auch mein rotes Blut; sie die der Flüsse Mündung treibt / Macht Wachs aus mir. Und ich bin stumm mein Mund gelangt nicht an die Adern / Derselbe Mund der an dem Bergquell saugt.« Wann hat man einen Neunzehnjährigen je so dichten hören?

Am Hafen von Swansea, in dessen einstige Speicherhäuser Restaurants und Pubs eingezogen sind und der zu einem angenehmen innerstädtischen Erholungsgebiet geworden ist, findet der Besucher eine gewaltige Statue vom großen Sohn der Stadt. Da sitzt Dylan breitbeinig auf einem Stuhl, leicht vornübergebeugt, als würde er seine Verse deklamieren (was er übrigens gut konnte). An warmen Sommerabenden, wenn die Durstigen draußen vor den umliegenden Pubs sitzen, das Lager oder Bitter zu Schabernack treibt, dann ist es in Swansea mittlerweile Sitte geworden, daß ein freundlicher Zecher mit einem vollen Glas Bier zur Statue geht und es Dylan vor die Füße stellt. Der Wirt der nahegelegenen Kneipe erzählt, daß er im Sommer täglich nach Ladenschluß hier ein Pint wieder einsammelt. Ein netter Brauch, dem Dichter Reverenz zu erweisen – Dylan hätte das gefallen! Die Statue, angefertigt von John Doubleday, sieht dem Dichter allerdings so wenig ähnlich, daß die Bewohner von Swansea in Anspielung auf Dylans Kurzgeschichtensammlung *Portrait of the Artist as a Young Dog* die Plastik verulkend »Portrait of the Artist as Someone Else« nennen.

Ab 1933 erschienen seine Verse in Londoner Zeitungen, mehrfach gewann er Preise für seine Gedichte in der Poet's Corner des Sonntagsblattes *Sunday Referee*. 1934 dann kam der kleine Band *18 Poems*, zwei Jahre später der Gedichtband *25 Poems* auf den Markt, und die führende Lyrikerin jener Tage, die exzentrische Edith Sitwell, war voll des Lobes über den jungen Mann. Es folgten *The Map of Love*, ein Sammelband mit sieben Erzählungen und 16 Gedichten, dann in New York *The World I Breathe*, ebenfalls mit Gedichten und Erzählungen, und schließlich 1940 das kleine Meisterwerk *Porträt des Künstlers als junger Hund*; in den zehn Erzählungen läßt Dylan seine Jugendtage noch einmal Revue passieren.

Mit Anfang zwanzig ging Dylan aus Wales fort und zog nach London. Bilder aus dieser Zeit zeigen einen ungeheuer jung aussehenden, ja, fast noch kindlich wirkenden Knaben mit einem runden Milchgesicht, zu dem die Kneipenumgebung, der Bierhumpen und die Zigarette im Mundwinkel in hartem Kontrast stehen. Selbst beschrieben hat er sich in jenen Tagen so: »Von überdurchschnittlicher Größe. Über dem walisischen Durchschnitt, meine ich. Er mißt 1,69. Volle Lippen; stumpfe Nase; krauses, mausgraues Haar. Ein bißchen angeberhaft, kleidet sich erlesen und überspringt dafür das Frühstück. Sie kennen den Typ, ein großspuriger Jüngling, ein Bohemien aus der Provinz, um den Hals als bauschiggebundene Künstlerkrawatte den Seidenschal der Schwester (nie erfuhr sie, wo er geblieben war), den Pullover flaschengrün eingefärbt; ein schwadronierendes, ehrgeiziges, abgebrüht tuendes, anspruchsvolles Bürschchen.«

Abend für Abend zog er mit einem Troß harter Zecher durch die Pubs der Metropole, und sie soffen, was Zapfhähne und Steigleitungen hergaben, rissen Kalauer und Witze, und die Runde machte auch vor deftigen Obszönitäten nicht halt. Entsprechend seinem Lotterleben belegten ihn seine Saufkumpane mit so netten Spitznamen wie »entstofflichte Drüse«, »Schmutzwasserrinne«, »häßliches Kindlein« oder »Dylan Dreckspatz«.

An einem der üblichen Saufabende fiel er in einem Pub der Schönheit Caitlin Macnamara auf, und sofort war er gezähmt; 1937 heirateten beide und lebten in den folgenden Jahren erst mit Sohn Llewelyn, dann auch mit Tochter Aeron in Cornwall, Hampshire und London – immer in billigen, ungeheizten Häusern, wo das Regenwasser durchs Dach tropfte, es keinen Strom und fließend Wasser gab, oder in einer winzigen Wohnung, und ohne einen Pfennig in der Tasche – denn der war vorher im Pub versoffen worden, wobei Caitlin sich als ebenso trinkfest erwies wie Dylan.

Am 12. September 1941 notierte Harold Nicolson in seinem Tagebuch: »Dylan Thomas besucht mich. Er möchte bei der BBC beschäftigt werden. Er ist ein dickes Männchen, rund und rosig, in sehr schmutzigen Hosen und auffallend karierter Jacke. Ich sage ihm, wenn er bei der BBC beschäftigt werden wolle, müsse er versprechen, sich nicht zu betrinken. Ich gebe ihm ein Pfund, weil er offenbar mit seinem Geld am Ende ist. Er sieht nicht so aus, als sei er vom Unrecht in die Dichtung eingeführt. [Nicolson bezieht sich in diesem Satz auf einen Vers von Shelley: »Elende Menschen werden meist / Vom Unrecht in die Dichtung eingeführt: In Liedern lehren sie, was sie im Leid verspürt«.] Er sieht aus, als ob der Whisky ihn aus der Dichtung hinausspülen werde.«

Während des Zweiten Weltkrieges sprach Dylan eigene und fremde Gedichte für die BBC und schrieb zusammen mit anderen Autoren an Drehbüchern für rund zehn Dokumentarfilme.

Nach diesen Wanderjahren zog es Caitlin und Dylan zurück ins heimatliche Wales. Hier ließen sie sich an der walisischen Südküste im kleinen Örtchen Laugharne (sprich: Larn), 50 km westlich von Swansea nieder. Laugharne war »die seltsamste Stadt in Wales«, die Dylan »jenseits aller anderen Plätze der Region« sehr mochte – so hat er später notiert. Eine Freundin konnte die Miserabilität der Lebensbedingungen nicht mehr mit ansehen und kaufte für Dylan und Caitlin, Llewelyn und Aeron das Boat House, in dem zwei Monate nach dem Einzug Baby-Boy Colm geboren wurde.

Das weiße, zweistöckige Häuschen – »das Haus auf Stelzen, hoch zwischen Schnäbeln und Palavern von Vögeln« – liegt einen Steinwurf vom kleinen Ortszentrum entfernt unterhalb eines steilen Felsens, und von seiner Veranda aus hat man einen weiten Ausblick aufs Meer und den breiten Mündungstrichter des River Taf. Groß ist es nicht, und die fünfköpfige Familie Thomas hatte nicht gerade viel Platz. Unten gibt es die Küche mit dem Eßzimmer, von wo aus man auf die kleine Veranda kommt; an schönen Sommertagen nahm Caitlin hier gerne ein Sonnenbad. Heute sitzen auf dieser Terrasse die Besucher und trinken ihren Tee oder Kaffee. Im ersten Stock ist das Wohnzimmer noch immer mit Caitlins und Dylans Möbeln ausgestattet. An den Wänden hängen eine Anzahl Fotos der Familie Thomas. Im obersten Stock befanden sich einmal die Schlafzimmer, und hier können sich die Besucher heute einen Videofilm über Dylans Leben ansehen oder die Erstausgaben seiner Bücher.

Oben auf dem Felsen, am Cliff Walk, der, von hohen Hekken gesäumt, sich nach Laugharne hineinschlängelt, bezog Dylan einen ehemaligen Fahrradschuppen und richtete sich darin seine Dichterklause ein, von der er einen phantastischen und inspirierenden Ausblick auf Meer und Fluß hatte – »meine Wasser- und Baumhütte auf den Klippen«. Eine Journalistin fragte ihn einmal, was er denn während des letzten halben Jahres geschrieben habe. »Absolut nichts tat ich in dieser Zeit, ich saß und schaute aufs Meer und beobachtete, ob es noch da war.« Auf eine ähnliche Frage antwortete er ein anderes Mal: »Ich sitze oben vor meiner Hütte und betreibe nicht-wissenschaftliche Vogelbeobachtungen, d.h. ich gestatte den Vögeln, mich zu beobachten.«

Dort oben in seinem Schreibschuppen störten ihn seine Kinder nicht, um die er sich ohnehin kaum kümmerte, und da er auch Caitlin nicht sah, konnte es keinen Streit geben. Zum ersten Mal war die Familie Thomas seßhaft geworden, und das war eine gewaltige Zunahme an Lebensqualität – aber ausreichend Geld war immer noch nicht im Haus. Ihre gesamte Ehe hindurch hatten Caitlin und Dylan Tag für Tag nur das Nötigste zum Leben. So verzweifelt war die Lage, daß Dylan seinen wirklich einzigen Besitz, seine Notizbücher mit den frühen Gedichten, verkaufen mußte. Wenn Dylan zu einer Gesellschaft eingeladen wurde, so ging er früher als die anderen Gäste und suchte sich an der Garderobe einen fremden Mantel oder eine warme Jacke aus und ließ seinen abgetragenen, zerrissenen und schmutzigen Überzieher zurück; sollte solch ein Diebstahl Konsequenzen mit sich bringen, so konnte er sich auf einen Irrtum herausreden. Auf seiner dritten Vortragsreise in Amerika beschwerte sich einer seiner Gastgeber, daß Dylan ihm sein bestes weißes Hemd gestohlen hätte. Der Mann ließ sich von seinen Kollegen aufklären, daß er nun zu der ausgesuchten und handverlesenen Schar gehörte, der Dylan Thomas die Ehre angedeihen ließ, sie zu beklauen. Jede seiner Dichterlesungen in den Vereinigten Staaten war von einem oder mehreren Eklats überschattet.

Auf seiner ersten USA-Reise war er eines Abends bei Charlie Chaplin eingeladen. Zuvor hatte Dylan mit Marylin Monroe und Shelley Winters einen Lunch eingenommen, und dabei hatten die drei etliche Martinis, zwei Flaschen Wein und einen Sechserpack Bier getrunken. Auf der Fahrt zu seinem Gastgeber versorgte sich Dylan in einem Supermarkt mit einem neuen Sixpack sowie einer Flasche Gin und steuerte den Wagen dann am Ziel in Chaplins Tennisplatz. Monroe und Winters konnten ihn davon überzeugen, den gekauften Alkohol im Auto zu lassen, und die drei gingen ins Haus. Chaplins Frau erkannte sofort die Situation, setzte Dylan in einen hohen Lehnstuhl, aus dem er nicht herauskippen konnte, und servierte dem »stinkbesoffenen Leprechaun« (ein becherndes irisches Fabelwesen) einen starken schwarzen Kaffee. Schnell hatte Dylan aber eine Flasche Cognac ausgemacht und unternahm keinen Versuch, sich mit den anderen Gästen zu unterhalten. Zu der illustren Gesellschaft zählten Marlene Dietrich, Lotte Lenya, Greta Garbo, Thomas Mann und Katherine Hepburn. Um Dylan unter Kontrolle zu halten, setzte sich Shelley Winters auf seinen Schoß, was ihn nicht davon abhielt, halblaut vor sich hin zu brummen: »Wird dieses verdammte Genie wohl mal mit mir reden? Er ignoriert mich, als wäre er der Gouverneur und ich die Kolonie.« Als Chaplin auf dem Klavier eine Melodie aus einem seiner Filme intonierte, sprang Dylan plötzlich auf die Füße, und Shelley Winters plumpste hart auf den Allerwertesten. Chaplin ließ den Klavierdeckel niederkrachen und schrie: »Auch große Poesie kann dieses rüde, betrunkene Verhalten nicht entschuldigen.« Mit soviel Würde wie möglich stolperte Dylan aus dem Haus und wurde ein letztes Mal gesehen, wie er im Garten auf Chaplins Blumen pinkelte. Leider hat uns Thomas Mann keine weitere Beschreibung des Abends in seinen Tagebüchern hinterlassen.

Das Boat House an der Taf-Mündung

Wann immer etwas Geld ins Haus kam, trug Dylan es in den Pub und versoff es; selbst in akuten Notzeiten schränkte er seinen Alkoholkonsum nicht ein. Caitlin war eine zurückhaltendere Trinkerin, versuchte das Geld zusammenzuhalten, und so kam es schnell zum Streit. Viele seiner Freunde sahen Dylan auch nach seinem frühen Tod nicht als Alkoholiker, aber das Trinken war Bestandteil seines Lebens, und Dylan kultivierte das Bild vom gleichermaßen fröhlich wie heftig saufenden Poeten. Caitlin schrieb einmal »von Stunden der Agonie und dumpfer Langeweile, die ich mit Dylan in Schmutzwasserkaschemmen verbrachte, wo er seinen heiligen Trinkmythos pflegte«. Einmal fuhr die Familie Thomas mit Freunden für einige Ferientage nach Irland. Sie kamen im August im Städtchen Killorglin an, wo seit Jahrhunderten bis heute alljährlich die Puck Fair gefeiert wird, ein berühmt-berüchtigtes, dreitägiges Fest der Kampftrinker. Das war das Richtige für den profunden Zecher Dylan! Er verkündete lauthals, daß er von Anfang bis Ende durchhalten und seinen Platz an der Bar nicht einmal räumen werde. Er schaffte es fast – am dritten Tag schickte ihn der Wirt bewußtlos auf einem Karren ins gemietete Häuschen.

Allmorgendlich machte sich Dylan vom Boat House auf den Weg die Klippe hinauf, um von dort vorbei an seiner Schreibhütte nach Laugharne hineinzuspazieren; als erstes besuchte er seine Eltern, die ebenfalls von Swansea nach Laugharne gezogen waren, und löste mit seinem Vater das Kreuzworträtsel der *Times*, dann machte er sich auf in Brown's Hotel, den heute noch unverändert bestehenden Pub des Örtchens. Er schätzte Brown's wegen der fehlenden »Trinkverbotsstunden« und mochte »die guten Reden der kolossalen Lügner«. Dort saß er dann in der Küche der Wirtin Ivy Williams, sah ihr beim Kochen zu, trank seine Biere und hörte sich den Dorfklatsch an, den Ivy vor ihm ausbreitete und der zu einem wichtigen Ideengeber für sein berühmtes lyrisches Hörspiel *Unter dem Milchwald* wurde. Hier erzählen Stimmen Geschichten, Klatsch, Gerüchte aus dem Alltag im Örtchen Llareggub. Als ihn ein Freund einmal darauf hinwies, daß er mit dem fiktiven Ortsnamen Llareggub zum ersten Mal ein walisisches Wort in seiner Dichtung benutzt hatte, winkte Dylan ab und riet ihm, es von hinten zu lesen: Bugger all, zu deutsch: alles Päderasten!

Mittags dann spazierte er vom Brown's zurück nach Hause, kam mit klingelnden Bierflaschen in den Rocktaschen ins Boat House und nahm allein, abseits von den Kindern, und lesend seinen Lunch ein. Danach ging er in seine Schreibhütte hoch und brachte zu Papier, was Ivy ihm erzählt hatte, formulierte an neuen Gedichten oder überarbeitete ältere – kurz: er ließ sich dort »zu zunftgemäßer und verdrossener Kunst« nieder. Wenn Caitlin nachmittags mit den Kindern einen Spaziergang machte und an der Hütte vorbeikam, dann hörte sie Dylan häufig schnarchen. Auch Mucksmäuschenstille war kein gutes Anzeichen für Arbeit, denn dann las er einen Krimi. Wenn sie allerdings seine Stimme hörte, die Verse deklamierte, war er in voller Konzentration beim Schreiben.

Gegen sieben Uhr stieg Dylan dann zum Abendessen die Stufen hinunter zum Boat House, aß eine Kleinigkeit, und anschließend ging es zusammen mit Caitlin wieder zu Brown's. Je größer die eintönige Regelmäßigkeit des Tagesablaufes war, um so glücklicher und sorgloser fühlte sich Dylan.

Bis heute sieht es in Brown's so aus wie zu Dylans Zeiten, und der Pub ist weit über die Grenzen von Wales berühmt.

Als die BBC zwei Monate nach Dylans Tod *Unter dem Milchwald – Ein Spiel für Stimmen* aufführte, erkannte Ivy viele der Figuren und Dorfklatschgeschichten wieder und wußte, welche Personen als lebende Vorbilder gedient hatten. So gab es durchaus eine Polly Garter in Laugharne, die eine ganze Reihe Kinder von unbekannten Vätern hatte, und die Dylan erzählen läßt: »Ich liebt' einen Mann, und sein Name war Tom, / der war zwei Meter lang, und der hat mich so genomm', / ich liebt' einen Mann und sein Name war Dick, / der war breit wie'ne Tonne und 'nen Meter dick. / Und ich liebt' einen Mann, und sein Name war Harry, / sechs Fuß hoch und süß wie Sherry, / doch am meisten liebt' ich, ob ich wachte oder schlief, / den kleinen Willi Winzig, der ist sechs Fuß tief. / Ja Tom, Dick und Harry, das waren drei Feine, / und so wie die mich liebten, so liebten sonst keine, / doch der kleine Willi Wie, der nahm mich auf's Knie; / den kleinen Willie Wiesel liebt' ich mehr als sie.« (Tom, Dick und Harry ist das englische Pendant zu unserem Hinz und Kunz.)

Bis heute hängen bei Brown's viele Bilder an den Wänden und zeigen Dylan an der Bar, beim Kartenspiel, beim Versedeklamieren und zusammen mit Caitlin beim Bier. Da hockt ein noch immer unglaublich jung aussehender Dylan mit dem Gesichtsausdruck eines verzogenen Bürschchens am Tisch und hat neben sich die außerordentlich schöne Caitlin sitzen.

Doch Fotos können täuschen, Caitlin war eine Furie; als ängstlich, schüchtern und feige hat sie ihn einmal beschrieben, und sie war zweifellos das genaue Gegenteil, draufgängerisch, expressiv, mutig wie eine Löwin, ordinär wie ein Fischweib und laut wie eine Marktschlampe. Als sie Dylan in einem Pub dabei erwischte, wie er heftig flirtete, beschimpfte sie ihn so arg, daß es der fremden Frau entfuhr: »Ich hatte keine Vorstellung davon, daß Sie über ein so reichhaltiges Vokabular verfügen!« Gegen Ende ihrer Ehe hat Caitlin ihn verprügelt, mit Fäusten auf ihn eingedroschen, und dann greinte ein fetter, aufgedunsener Dylan im Schlafzimmer vom Boat House. Nachweislich zweimal hat sie ihn k.o. geschlagen, und es dauerte Minuten, bis er aus

Im Schreibschuppen am Cliff Walk

seiner Bewußtlosigkeit erwachte. Bei seiner letzten Vorlesungstour in Amerika schrieb sie ihm: »Fühl dich bitte so frei wie ein Stück Scheiße.«

Obwohl nun Geld ins Haus kam, da Dylan mittlerweile ein bekannter Dichter war, seine Bücher sich gut verkauften und er Vorschüsse für Projekte bekam (von denen er dann viele nicht realisierte), änderte sich nichts. Beiden glitt das Geld durch die Finger, die Geldsorgen blieben. Als er auf seiner dritten Vortragsreise in Amerika war, wurde Llewelyn von seinem Internat nach Hause geschickt; trotz mehrfacher Mahnungen hatte Dylan das Schulgeld nicht bezahlt.

1952 starb Dylans Vater, und der Sohn schrieb die erschütternden Verse: »Geh nicht so sanft in diese gute Nacht, / Das Alter sollte lodern, rasen, wenn der Tag sich senkt; / so wüte, wüte doch, daß man das Licht dir umgebracht. / Und du mein Vater hoch in deiner Trauermacht, / Verfluche, segne mich mit wilden Tränen; sei von mir bedrängt. / Geh nicht so sanft in diese gute Nacht. / So wüte, wüte doch, daß man das Licht dir umgebracht.«

Als Dylan dann selbst an der Reihe war, noch jung, da ging auch er sanft in seine letzte Nacht und wütete, raste nicht gegen die Finsternis. Auf seiner vierten Vortragsreise in Amerika, wo unter seiner Regie *Unter dem Milchwald* aufgeführt und ein grandioser Erfolg wurde, nahmen seine Alkoholexzesse schlimme Formen an. Er konnte nicht mehr schlafen, behielt nichts mehr im Magen, war deprimiert, wurde zwischendurch bewußtlos und hatte Gliederzuckungen. Am Abend des 3. November 1953 ging er für kurze Zeit fort und verkündete bei seiner Rückkehr: »Ich habe achtzehn Whiskey pur getrunken. Ich glaube, das ist der Rekord.« Am nächsten Abend fiel er ins Koma und wurde kurz nach Mitternacht ins Krankenhaus eingeliefert, wo er vier Tage später im Alter von neununddreißig Jahren starb.

Caitlin flog nach New York, traf Dylan aber nicht mehr bei Bewußtsein an und überführte seine sterbliche Hülle nach Wales. Dort wurde er auf dem winzigen Friedhof von Laugharne zur letzten Ruhe gebettet. Sein Grab ist leicht zu finden, ein schlichtes weißes Holzkreuz markiert es.

Nach der Beerdigung verließ Caitlin England und ging nach Elba, wo sie einen ersten Selbstmordversuch unternahm, und dann nach Rom. Dort traf sie den Schauspieler und Regisseur Giuseppe Fazio, der fortan versuchte, ihr Leben trotz Alkoholismus und tiefer Depressionen in geordneten Bahnen zu halten. Mit neunundvierzig Jahren gebar sie noch einen Sohn, Francesco. Ohne Giuseppe wäre Caitlin wohl schon vor über vierzig Jahren vor die Hunde gegangen, so starb sie friedlich 1994 einundachtzigjährig in Catania (Sizilien) und wurde neben Dylan auf dem Friedhof von Laugharne begraben.

Kurz nach Fertigstellung dieses Kapitels erschien in Großbritannien ein Buch unter dem Titel *The Death of Dylan Thomas*, geschrieben von dem amerikanischen Arzt Dr. James Nashold und dem walisischen Dylan Thomas-Biographen George Tremlett. Nashold hatte an einem Fortbildungsseminar am King's College in Cambridge teilgenommen, und da die Vorfahren seiner Frau aus Wales stammten, besuchte das Paar kurz vor der Rückfahrt in die Vereinigten Staaten diesen Landesteil Großbritanniens. Die beiden übernachteten in dem weltweit bekannten walisischen Örtchen Hay-on-Wye, das ein einziges riesiges Antiquariat ist, in dem rund zwei Millionen Bücher zu finden sind. Nashold kaufte sich dort die Dylan Thomas-Biographie von George Tremlett und las das Buch in einem Rutsch durch. Dann griff er aufgeregt zum Telefonbuch und suchte die Nummer von Tremlett in Laugharne, fand sie aber nicht, rief also in Brown's Hotel an und fragte den Wirt nach dem Biographen. Als der Anruf kam,

Dylan Thomas

stand Tremlett gerade einen Meter vom Telefon entfernt an der Theke und trank sein abendliches Bier. Die beiden Männer verabredeten sich für den nächsten Tag. Nashold, der als Arzt die Biographie instinktiv unter medizinischen Gesichtspunkten gelesen hatte, war aufgefallen, daß Dylan Thomas sehr wahrscheinlich Diabetiker gewesen war. Die beiden beschlossen, die medizinische Seite im Leben von Dylan Thomas zu untersuchen und stießen schnell auf einen ärztlichen Befund, der schon beim jungen Dylan Alterszukker diagnostiziert hatte. Doch Dylan Thomas unterzog sich nie einer Therapie, lebte nicht nach Diät und ignorierte seine Krankheit. Über die Jahre wurde er immer kränker, ohne je einen Arzt aufzusuchen.

Zurück in Amerika, grub Nashold die Patientenakte von Dylan Thomas im St. Vincent's Hospital aus und befragte alle noch lebenden Zeitzeugen nach den letzten Tagen des Dichters.

Auf seiner vierten Vortragsreise in den Vereinigten Staaten verfiel Dylan Thomas rapide und klagte über seinen Zustand: »Ich kann nichts mehr tun, ich bin zu müde, um irgend etwas anzufangen, ich kann nicht essen, ich kann nicht trinken, ich bin sogar zu müde, um zu schlafen, heute nacht habe ich die Tore der Hölle gesehen. Nie fühlte ich mich zuvor so elend.« Liz Reitell, seine amerikanische Geliebte, brachte den kranken Dylan zu einem Modearzt in Greenwich Village, Dr. Feltenstein, der bei den alkoholisierten und drogenabhängigen New Yorker Künstlern beliebt war. Feltenstein machte sich erst gar nicht die Mühe einer genauen Untersuchung, hielt Dylan vielmehr für einen schweren Alkoholiker, spritzte ihm Kortison und verschrieb ihm das süchtig machende Aufputschmittel Benzedrin, zwei Wunderdrogen der fünfziger Jahre. Beide Medikamente haben eine fatale Wirkung auf den Stoffwechsel eines Diabetikers. Am Abend des 3. November 1953 trank Dylan seine angeblichen 18 Whiskeys, was Nashold und Tremlett nach Recherchen bezweifeln. Am nächsten Morgen ging es ihm schlecht wie nie zuvor, und Liz Reitell rief Dr. Feltenstein und berichtete, daß Dylan Thomas sich im Delirium tremens befände. Der Arzt glaubte diese Mitteilung ungeprüft, spritzte ihm gegen Mittag Morphium und Kortison und das gleiche noch einmal am Abend, aber in wesentlich höherer Dosierung. Wenige Stunden später lief Dylan Thomas blau an und verlor das Bewußtsein. Reitell rief den Arzt zum drittenmal innerhalb von zwölf Stunden, und der fand seinen Patienten in tiefer Bewußtlosigkeit vor. Ein Krankenwagen wurde gerufen, und kurz vor 2 Uhr nachts kam Dylan Thomas am 5. November in die Notaufnahme des New Yorker St. Vincent's Hospital. Dort hatten zwei junge Assistenzärzte, Dr. William McVeigh und Dr. Jerry Turnball Dienst. Feltenstein erklärte den beiden Ärzten, daß sein Patient nach schwerem Alkoholmißbrauch ins Koma gefallen wäre. Seine Morphium- und Kortisonbehandlung erwähnte er zu diesem Zeitpunkt nicht. Die beiden stabilisierten den Bewußtlosen erst einmal und machten sich dann an eine genaue Untersuchung. Sie nahmen eine Blut- und Urinprobe, schickten diese sofort ins Labor und bereiteten Thomas dann für eine Lumbalpunktion vor, um Gehirnflüssigkeit abzunehmen. Feltenstein vermutete nämlich eine Gehirnblutung. Die Blutprobe zeigte, daß Dylan vollkommen überzuckert war, der Befund der Gehirnflüssigkeit hatte ergeben, daß keine Hirnblutung vorlag. Seine Zuckerwerte lagen weit über 500 Milligramm (normal sind etwa 100-120). Dylan Thomas lag im Zuckerkoma, hervorgerufen durch die falsche Behandlung von Feltenstein. Der hatte sich die Therapie seines berühmten Patienten auch im Krankenhaus vorbehalten, und als ihn die beiden Assistenzärzte mit ihrem Befund konfrontierten, behauptete er, daß dem Labor ein Fehler unterlaufen sei, Dylan Thomas aufgrund einer Alkoholvergiftung im Koma läge, daß Kortison- und Morphiumgaben auch weiter die richtige Medikamentierung seien, verbot sich energisch jegliche Einmischung in seine Therapie und drohte die Karriere der beiden jungen Ärzte zu beenden. Als die beiden auf ihrer Diagnose insistierten, wurde Feltenstein wütend, riß Turnball die Krankenakte aus den Händen und schmetterte sie auf den Boden. Am nächsten Tag beschwerte er sich bei Dr. Mahoney, dem Chefarzt der neurologischen Abteilung des St. Vincent-Krankenhauses, über die beiden, hielt nach wie vor seine Diagnose für die richtige und erwähnte auch diesmal wieder nicht seine Morphium- und Kortisongaben.

Nachdem Feltenstein das Krankenhaus verlassen hatte, entnahmen McVeigh und Turnball spät am Abend des 6. November erneut Blut, Urin und Gehirnflüssigkeit und ließen beides unter dem Namen eines anderen Patienten im Labor untersuchen. Kurz vor Mittag des folgenden Tages kamen die Ergebnisse, Dylans Zuckerspiegel war weiter angestiegen, da er von Feltenstein über eine Dextroselösung künstlich ernährt wurde. McVeigh und Turnball wandten sich am Nachmittag des 7. November an Dr. Mahoney, legten ihre Untersuchungsergebnisse vor und informierten ihn auch über die Morphium- und Kortisongaben von Feltenstein. Mahoney verbot sofort jegliche Therapie von Feltenstein, und Dylan Thomas bekam das so dringend benötigte Insulin. Aber es war zu spät!

Als Feltenstein am Abend wieder ins St. Vincent's Hospital kam, wurde er in Dr. Mahoneys Büro geführt. Der befragte ihn ausgiebig nach seiner Morphium- und Kortisonmedikamentierung und sagte dann zu ihm: »Alkohol mag eine Rolle in diesem Fall gespielt haben, aber der jetzige Zustand des Patienten geht auf Ihre Überdosis Morphium und seine Diabetes zurück.« Fortan verbot er ihm jeglichen Kontakt mit dem im Koma liegenden Dylan Thomas. Zwei

Tage später, am Mittag des 9. November, starb Dylan Thomas, ohne das Bewußtsein wiedererlangt zu haben. Bei der Autopsie stellte der Pathologe keine Leberzirrhose fest, in der Beschreibung des Organs heißt es: »eine etwas festere Konsistenz als normal; ziemlich klar ersichtliche fetthaltige Durchsetzungen«. Mit anderen Worten: Dylan Thomas hatte die typische Fettleber eines Trinkers, ein Alkoholiker muß er deshalb noch lange nicht gewesen sein, und seine Freunde haben ihn, wie wir schon gesehen haben, auch nie als einen solchen gesehen, sondern ihn immer als einen sozialen Zecher beschrieben, der in großer Runde recht schnell auf Touren kam und zu großer Form auflief. Das Bild vom trinkenden Poeten hat Dylan Thomas erfolgreich in die Welt gesetzt. Eine Freundin notierte einmal: »Trinken war für ihn die große romantische Notwendigkeit für sein Dichter-Image.«

Anreise: Laugharne liegt ca. 30 km westlich von Swansea und ca. 15 km südlich von Carmarthen an der walisischen Südküste; in dem kleinen Örtchen ist das Boat House ausgeschildert, der Pub Brown's befindet sich an der King Street, der Hauptstraße im Ortszentrum.
Öffnungszeiten: Ostern bis Oktober, täglich 10-17.15 Uhr; Oktober bis Ostern, täglich außer Sa. 10-15.15 Uhr.

Das Gartenhäuschen von Monk's House,
Virginias Arbeitsplatz

»A House of one's own« – Leonard und Virginia Woolf in Monk's House

»Nur selten in meinem Leben war eine Zeitspanne von fünf Minuten so voller Aufregung. Der Raum im White Hart war überfüllt. Ich forschte in jedem Gesicht, an jeder Jacke und an jedem Rock nach Zeichen von Reichtum und war erleichtert, keine zu entdecken. Aber dann sah ich Leonard an und dachte: Sieht er etwa aus, als ob er 800 Pfund in der Tasche hätte? Vielleicht trugen die kapitalkräftigen Bauern ihre Notenbündel im Strumpf verborgen. Das Bieten begann. Einer bot 300 Pfund. Nur zu rasch waren 600 erreicht.«

Wer da so voller Aufregung bebte und noch unter erkennbarer Anspannung Tagebuch führte, das war die siebenunddreißigjährige Virginia Woolf; sie und ihr Mann Leonard versuchten, im Sommer des Jahres 1919 auf einer Auktion Monk's House im südenglischen Weiler Rodmell zu ersteigern – und hatten Glück: Für 700 Pfund bekamen sie den Zuschlag. Als der Hammer des Auktionators niederkrachte, war »Virginia lila im Gesicht« und »Leonard zitterte wie Schilfrohr« vor Spannung.

Virginia erblickte am 25. Januar 1882 als drittes Kind von Julia und Leslie Stephen in London das Licht der Welt. 1879 war bereits Vanessa geboren, ein Jahr später, 1880, kam Thoby hinzu, 1883 schließlich Adrian. Julia war Lesley Stephens zweite Frau, in erster Ehe war er mit einer Tochter des berühmten Romanciers Thackeray verheiratet gewesen; als sie starb, zählte er dreiundvierzig Jahre. Auch für Julia war es die zweite Verbindung, und beide brachten bereits vier Kinder in die neue Ehe ein, wovon eines, Lesleys Tochter Laura, geistesgestört war. Die acht Kinder wuchsen in einem viktorianisch-großbürgerlichen, gebildeten Haushalt auf. Sir Leslie hatte einen Namen als Literaturkritiker und arbeitete achtzehn Jahre lang an der dreiundsechzigbändigen Ausgabe des *Dictionary of National Biography*. Virginia, die nie eine Schule, geschweige denn eine Universität besucht hatte, verdankte ihr Wissen fast ausschließlich dem väterlichen Unterricht und dem unermüdlichen Schmökern in der häuslichen Bibliothek.

Virginia war dreizehn Jahre alt, als ihre Mutter starb; einige Monate später hatte sie einen ersten psychischen Zusammenbruch. Sehr wahrscheinlich wurde Virginia während ihrer Jugend von ihrem Halbbruder Gerald, einem Sohn aus der ersten Ehe des Vaters, sexuell belästigt. In den folgenden neun Jahren pflegte sie zusammen mit Vanessa den langsam dahinsiechenden Vater. Wie jeder Viktorianer, so war auch Sir Leslie davon überzeugt, daß Ehefrauen und Töchter ins Haus gehörten und dort ihre Pflichten hatten. Den beiden jungen Frauen blieb kaum Zeit für die Entwicklung der eigenen Persönlichkeit, bis zum Tod des Vaters im Jahre 1904 hatten sie kaum eine Möglichkeit, ihre Talente – Vanessa als Malerin und Virginia als Schriftstellerin – zu entdecken. Viele Jahre später, 1928, notierte Virginia in ihrem Tagebuch: »Vaters Geburtstag. Er würde heute 96; und er könnte, wie andere Leute auch, durchaus 96 geworden sein, wie man weiß; wurde es aber gnädigerweise nicht. Sein Leben hätte meines ganz und gar beendet. Was wohl passiert wäre. Keine schriftstellerische Arbeit, keine Bücher; – undenkbar.«

Die vier Stephen-Kinder erholten sich von dem langen, qualvollen Sterben des Vaters auf einer Reise nach Italien und zogen nach ihrer Rückkehr gemeinsam von Hyde Park Gate im teuren Londoner Stadtteil Kensington in das billigere Bloomsbury, wo sie von nun an am Gordon Square 46 wohnten.

Im November des Jahres 1904 war der vierundzwanzigjährige Leonard Woolf, Studienkollege von Bruder Thoby, bei den Stephens zu Gast, bevor er als Kolonialbeamter nach Sri Lanka aufbrach. Leonard »hatte sehr wenig Geld und keine einflußreichen Verwandten. Er mußte sich mit einer Stelle begnügen, die weit weg von zu Hause war, und er schiffte sich mit einem Foxterrier und Voltaires Gesamtwerk [90 Bände] nach Ceylon ein.« Als weiterer Lesestoff dienten die Miniaturausgaben der Oxford Press von Shakespeare und Milton, und so gerüstet bestieg Leonard Woolf im Oktober 1904 den Zug, der ihn zu den Tilton Docks brachte.

Einen Monat später erschien der erste gedruckte Text von Virginia im *Guardian*. »Die Stephens schrieben seit ungefähr einem Jahrhundert Bücher, und daß Virginia diese Tradition fortsetzen würde, war bald klar«, notierte später ihr Neffe Quentin Bell.

Ab 1905 lud Thoby jeden Donnerstag abend seine Freunde aus den gemeinsamen Studientagen in das Haus am Gordon Square ein, »lauter erstaunliche Burschen, die, nachlässig gekleidet und ohne Manieren im Hyde-Park-Gate-Sinne, sich zunächst schweigend um ihn, seine schönen Schwestern Vanessa und Virginia und deren Freunde gruppierten, aber bei einem stimulierenden Stichwort überaus aufmerksam und äußerst beredt wurden«. Die Gruppe, heute als Bloomsbury Group bekannt und berühmt, diskutierte über Politik, Kunst, Literatur und – ganz wichtig für das gerade angebrochene nachviktorianische Zeitalter – ausführlich und ungehemmt über Sex. Virginia berichtet in ihrem Tagebuch: »Es war an einem Frühlingsabend, Vanessa und ich saßen im Salon. Ich redete egozentrisch, aufgeregt, zweifellos nur über meine eigenen Probleme. Plötzlich öffnete sich die Tür, und die lange und unheimliche Gestalt von Mr. Lytton Strachey stand auf der Schwelle. Er zeigte mit dem Finger auf einen Fleck auf Vanessas weißem Kleid. Sperma, rief er aus. Darf man das wirklich sagen, dachte ich, und wir brachen in Gelächter aus. Durch dieses Wort fielen alle Barrieren der Zurückhaltung und Reserve. Eine Flut von geheiligten Ergüssen schien uns zu überwältigen. Sex beherrschte die Unterhaltung. Das Wort homosexuell lag uns ständig auf der Zunge. Wir diskutierten über den Beischlaf mit derselben Begeisterung und Offenheit, mit der wir über das Wesen des Guten diskutiert hatten.«

Im Sommer des Jahres 1906 reisten die Stephen-Geschwister nach Griechenland. Thoby kehrte an Typhus erkrankt vorzeitig nach England zurück und starb am 20. November. Unter dem Eindruck der Trauer erhörte Vanessa zwei Tage später den Heiratsantrag von Clive Bell, den sie bei den gemeinsamen Donnerstagabenden kennengelernt hatte. Nach der Hochzeit der beiden übersiedelten Virginia und Adrian zum Fitzroy Square; auf Virginias Initiative wurden die Donnerstagabende wieder aufgenommen, auch schrieb sie weiter regelmäßig Buchrezensionen, hatte einen Roman in Arbeit und engagierte sich in der Frauenbewegung. Trotzdem war sie ihr Leben lang »das unpolitischste Wesen, das je existierte, seit Aristoteles diese Definition erdacht hatte« – so schrieb es später ihr Mann Leonard.

Mitte 1910 erlitt sie einen erneuten psychischen Zusammenbruch und war einige Wochen in stationärer Behandlung. Auch von diesen Anfall erholte sie sich.

Mittlerweile war Leonard Woolf – »am 24. Mai 1911, einem Mittwoch, verließ ich Ceylon, ich hatte ein Jahr Urlaub« – aus Sri Lanka zurück, wo er sieben Jahre verbracht hatte. Virginia beschloß einen Wohnungswechsel innerhalb von Bloomsbury und zog Ende des Jahres 1911 mit ihrem Bruder Adrian, dem Wirtschaftswissenschaftler John Maynard Keynes, dem Maler Duncan Grant und Leonard Woolf in das Haus am Brunswick Square 38. Auch mietete sie

Asham House, 10 km nordöstlich von Brighton im Örtchen Beddington gelegen, als stilles Refugium.

Im Januar 1912 machte Leonard Virginia einen Heiratsantrag, doch sie blieb reserviert und schrieb ihm einen harten Brief: »Es scheint mir, daß ich Dir eine ordentliche Portion an Schmerzen bereite – einige davon in höchst gleichgültiger Weise – und deshalb möchte ich so ehrlich wie möglich zu Dir sein. Natürlich kann ich nicht erklären, was ich fühle – dies sind einige der Dinge, die mich treffen. Die offensichtliche Herausforderung der Ehe steht mir im Wege. Dann natürlich fühle ich mich manchmal verärgert über die Stärke Deines Verlangens. Und dann bin ich fürchterlich instabil. Manchmal glaube ich, daß, wenn ich Dich heirate, ich alles haben könnte – und dann ist es die sexuelle Seite, die zwischen uns steht. Ich habe Dir schon einmal mit brutaler Offenheit gesagt, daß ich Dich körperlich nicht anziehend finde.«

Am 29. Mai dann willigte Virginia ein, Leonard zu heiraten; am 10. August standen beide im Standesamt von St. Pancras. Eine zweimonatige Hochzeitsreise führte in die Provence, weiter gen Spanien, dann mit dem Schiff nach Italien und von dort über Venedig zurück nach London.

Im März des folgenden Jahres gab Virginia das Manuskript ihres Romans *Die Fahrt hinaus* an ihren Halbbruder und Verleger Gerald Duckworth, der den Text für eine Veröffentlichung annahm. Aus Angst vor der Meinung der Kritiker häuften sich Virginias Depressionen und Wahnvorstellungen, sie verbrachte einige Wochen in einer Privatklinik. Dann, am 9. September 1913, unternahm sie einen ersten Selbstmordversuch. Erst ein Jahr später war ihr psychischer Zustand wieder stabil.

Da nach Leonards Ansicht die geschäftige Großstadt London Virginia zu sehr aufregte und verunsicherte, mietete er in Richmond, vor den Toren der Metropole, eine neue Heimstatt an, Hogarth House.

Am 26. März 1915 erschien Virginias erster Roman. Tage vorher schon hatte sie einen schweren Rückfall erlitten. Vier Krankenschwestern kümmerten sich Tag und Nacht um sie. Erst im November konnte die letzte Krankenschwester Hogarth House verlassen.

Im Frühjahr 1917 wurde die von Virginia und Leonard bestellte Druckerpresse geliefert, und im Sommer brachte der Verlag Hogarth Press die ersten beiden Bücher auf den Markt. (Diese Druckerpresse ist heute in Sissinghurst, vgl. S. 149, zu besichtigen.) Die Woolfs pendelten während der kommenden Jahre zwischen Asham House und ihrem Heim in Richmond. Virginia betätigte sich als Setzerin für die Hogarth Press, schrieb regelmäßig Buchrezensionen für das renommierte *Times Literary Supplement* und hatte den Text zu *Nacht und Tag* in Arbeit, den sie Ende 1918 abschloß. Zur selben Zeit lernten die beiden Woolfs T. S. Eliot kennen, dessen umfangreiches Gedicht *Das wüste Land* die Hogarth Press 1922 in das Verlagsprogramm aufnahm. Anfang 1919 wurde Virginia Asham House gekündigt, und die Woolfs ersteigerten Monk's House.

Das neue Refugium von Virginia und Leonard war ein kleines, aus Bruchsteinen errichtetes und zur Straßenseite hin mit Holzschindeln verschaltes Haus mit einem steilen Dach; drinnen gab es winzige, dunkle, ineinander übergehende Zimmer, die Böden bedeckten grobe Steinplatten, die Treppe schraubte sich eng und steil nach oben, die Stufen waren ausgetreten. Hinter dem Haus lag, begrenzt von einer Mauer aus Feldsteinen, ein gestrüppüberwucherter Garten. Hier, in der hintersten Ecke, stand auch ein verrotteter Pavillon, in dem Virginia sich nach flüchtiger Renovierung ihre Schreibklause einrichtete. Ein eigener Arbeitsraum war für Virginia von eminenter Bedeutung, nicht von ungefähr gab sie einer ihrer Essay-Sammlungen den Titel *Ein Zimmer für sich allein.*

Das Cottage – so hat Leonard später recherchiert – datierte aus dem Jahr 1707; es verfügte weder über Strom noch fließend Wasser und war recht heruntergekommen, so daß in der ersten Zeit Renovierungsarbeiten die Tagesordnung bestimmten. Um größere und hellere Räume zu schaffen, mußten Wände herausgenommen und Fenster vergrößert werden. Nach schweren Regenfällen stand regelmäßig die Küche unter Wasser. Erst sieben Jahre nach dem Kauf besaßen die Woolfs einen Heißwasserboiler und ein richtiges Bad. Mit wachsendem literarischen Erfolg konnten Virginia und Leonard Monk's House systematisch renovieren lassen. Am 17. Februar 1926 schrieb Virginia an ihre Freundin Vita Sackville-West: »Wir werden zwei Wasserklosetts bekommen, eins bezahlt uns *Mrs. Dalloway*, das andere *Der gewöhnliche Leser.*« Und als Vita einige Zeit später zu Besuch kam, stellte sie fest, wie begeistert die beiden Gastgeber von den Neuerungen waren: »Ständig lief einer von beiden hoch, zog die Toilettenspülung, kam rasch wieder heruntergelaufen und fragte: ›Hast du gehört, wie tadellos es funktioniert hat?‹« 1929 kam ein Anbau hinzu, in dem Virginia fortan ihr Schlafzimmer hatte. Doch nie wurde eine Tür zum Haupthaus in die Wand gebrochen, und so schritt Virginia jeden Abend aus der Küchentür in den Garten und verschwand in der Nacht. 1931 dann konnte sie notieren, »daß das Haus nun so luxuriös ist, daß wir sogar elektrische Heizer in den Schlafzimmern haben«. Quentin Bell, ihr Neffe und späterer Biograph, der in Charleston aufwuchs, schrieb über das Heim der Woolfs: »Ihr Haus war für uns Charlestoner seltsam und ungemütlich, es schien aus zwei aneinandergereihten Häuschen zu bestehen. Unten war ein großer Raum, der aus mehreren winzig kleinen Zimmern zusammengesetzt war; hier traf sich die Labour-Partei von Rodmell; er wurde immer mehr zum Lagern von Äpfeln benutzt. Oben waren ein paar praktische Räume entstanden. Es gab eine Küche, in der zeitweise ein Bach über den Fußboden floß; angeblich war es ein größerer Zufluß des Ouse. Um zu Virginias Schlafzimmer zu gelangen, mußte man das Haus verlassen. Hinter dem Haus stand eine Büste von Virginias Großvater Sir James Stephen, dem Kolonialsekretär, auf dessen Kopf Leonard vor dem Schlafengehen zu pinkeln pflegte.«

Und Vita Sackville-West schrieb während eines Besuches bei den Woolfs an ihren Mann Harold Nicolson: »Virginia spricht gerade mit der Dienerschaft. Ich sitze allein in ihrem freundlichen Zimmer mit dem unglaublichen Durcheinander von Sachen; es ist so überfüllt, daß ich Angst habe, ich könnte etwas umwerfen. Einen Stuhl habe ich schon zerbrochen. Leonard ist, beladen mit Körben voller Äpfel und Mohrrüben, auf den Markt gezogen. Sie sind wirklich reizend. Leonard hat jetzt eine Katze, was bedeutet, daß in den Zimmern zusätzlich Blechnäpfe auf dem Boden herumstehen.« (Dies schrieb sie am 18. Februar 1941, es war das letzte Mal, daß Vita ihre Freundin sah; einen Monat später nahm sich Virginia Woolf das Leben.)

Kaum war ihr Häuschen halbwegs bewohnbar, machten sich die Woolfs an den fast einen halben Hektar großen Garten, jäteten Unkraut, legten Beete und Hecken an, säten Blumen, Büsche und Kräuter für die Küche. Die treibende Kraft war hier Leonard. Die in Gärtnerfragen erfahrene Vita hielt allerdings nicht viel von seinen Landschaftskünsten. »Leonard versucht Versailles auf einem halben Hektar Land in Sussex wiedererstehen zu lassen«, lästerte sie. Das Gewächshaus, das sich an die rückwärtige Fassade anschließt und fast über die volle Länge des Hauses läuft, wurde 1940 angebaut.

Nach dem Aufwachen frühstückte Virginia im Bett, Leonard in der Küche; gegen halb zehn dann ging Virginia zu ihrer Schreibhütte, in der sie konzentriert bis gegen

13 Uhr arbeitete. Leonard schrieb seine politischen Zeitungsartikel und seine sozialpolitischen Bücher im Haus und widmete sich hier auch der Hogarth Press. Dann kamen die beiden wieder zum Lunch zusammen, und am Nachmittag streifte Virginia für eine oder zwei Stunden durch die Felder und entlang des Ouse, bevor sie sich erneut ihrem Manuskript widmete. Die einsamen eigenen vier Wände der Gartenklause waren für Virginia ein unverzichtbarer Bestandteil ihrer schriftstellerischen Tätigkeit. Solange ihr Vater noch lebte, hatte sie keinen Ort gehabt, an den sie sich hätte zurückziehen können, um so mehr verlangte sie für den Rest ihres Lebens nach Ruhe und Intimität. Die Abende verbrachte das Ehepaar meist im Wohnzimmer. »Das Haus besitzt einen großen Raum, in dem wir sitzen, essen, das Grammophon hören, unsere Füße dem Feuer im Kamin entgegenhalten und endlos Bücher lesen.« Der bemalte Tisch hier und die farbigen Stühle haben Vanessa Bell und Duncan Grant um 1930 angefertigt. Hier hängen auch zwei Bilder von Quentin Bell, eines von Roger Fry und drei von Vanessa Bell. Die Dekoration des Eßzimmers stammt ebenfalls von Vanessa und Duncan, auch hier hängen wieder acht Gemälde von Vanessa, ein weiteres von Roger Fry und eines von Duncan Grant.

Um seiner Frau so etwas wie ein Tagesgerüst zu bauen, setzte Leonard Woolf einen Vertrag auf, der Virginia verpflichtete, regelmäßig zu essen (auch wenn er einmal fort war), danach eine Zeitlang auszuruhen, das Frühstück im Bett einzunehmen, am Vormittag ein Glas Milch zu trinken und nicht später als 22.15 Uhr schlafen zu gehen.

Angelica Garnett, Virginias Nichte, erinnert sich an die Besuche mit ihren Brüdern Quentin und Julian bei den Woolfs in Monk's House: »Virginia aß nur wenig und steckte sich hastig kleine Bissen in den Mund. Noch ehe der Tee vorbei war, zündete sie sich eine Zigarette in einer langen Zigarettenspitze an, und je mehr sie Feuer fing in der Unterhaltung, desto mehr verschwamm sie selbst hinter den aufsteigenden Rauchwolken. Sie beschrieb zum Beispiel einen Besuch von Hugh Walpole oder Ethel Smythe oder einen Skandal im Ort und erhob sich dabei – von unseren Bemerkungen und unserem Gelächter angespornt – zu den phantastischen Höhen ihrer von keiner Wirklichkeit mehr beschwerten Phantasie. Vor allem Julian und Quentin waren völlig außer sich vor Lachen, ihre Stühle kippten gefährlich nach hinten, ihre Hände flogen in gespieltem Entsetzen über Virginias Kühnheit nach oben, oder sie schlugen sich fassungslos auf die Schenkel. Ihr geistreicher Witz war nicht ohne Malice, und ihre Augen glänzten vor Vergnügen über ihre Wirkung. Während ihr Witz auf die unbewußten, schwächeren und verletzlicheren Seiten der Menschen zielte und sie, geistreich und aufs Geratewohl zutreffend, Einzelheiten in deren Verhalten notierte, die ans Unmögliche grenzten, wartete Leonard ab und beschrieb dann das gleiche Vorkommnis den Tatsachen entsprechend ehrlich und objektiv.«

Die Ehe von Virginia und Leonard war von platonischer Liebe füreinander geprägt; ohne Leonard hätte Virginia ihre psychischen Zusammenbrüche wohl kaum so gut überstanden. Nur selten waren die beiden Woolfs voneinander getrennt. Virginia schrieb einmal: »Ich liege da und denke an mein teures Biest, das mich Tag für Tag meines Lebens glücklicher macht, als ich es für möglich gehalten hätte. Gar kein Zweifel, ich bin schrecklich in Dich verliebt. Ich denke dauernd daran, was Du wohl tust und muß rasch damit aufhören – es ruft in mir den Wunsch wach, Dich zu küssen.«

T.S. Eliot kleidete eine Zusage zur Einladung zum Tee nach Monk's House einmal in ein lustiges Gedicht: »Auf keinen Fall ist Possum dagegen / Am Dienstag bei Woolfs den Tee zu nehmen. / Und sollte er noch lebend sein / Trifft er

Virginia und Leonard Woolf 1912

um fünf zur Teezeit ein. / Noch früher geht es leider nicht / Zum Arbeitsessen ruft die Pflicht. / Sie läßt ihn eben niemals ruh'n / Und vor dem Tee muß er was tun. / Gebt ruhig schon Wasser in den Kessel / Und haltet Teller und Tasse bereit. / Ich hoffe auf Lächeln und einen Sessel / Und auf einen Tee zur Zufriedenheit.«

1923 übernahm Leonard Woolf die Feuilleton-Redaktion der Zeitung *Nation*, und die Hogarth Press druckte Virginias Buch *Jacobs Zimmer*, das von den Kritikern sehr gut besprochen wurde – Virginia erlangte langsam dichterischen Ruhm. T. S. Eliot schrieb ihr zu dem Titel: »Sie haben sich freigemacht von jedem Kompromiß zwischen dem herkömmlichen Roman und ihrer ureigenen Begabung. Sie haben die Kluft zwischen Ihren anderen Romanen und der experimentellen Prosa überbrückt und etwas bemerkenswert Gutes zustande gebracht.«

Doch Fritz J. Raddatz bemerkte in einem Porträt-Essay, daß »die (Virginia Woolf) ansonsten zuteil gewordene Anerkennung nicht mit Erfolg verwechselt werden« darf. Mit 42 Jahren hatte sie drei Romane veröffentlicht und ihre Honorare daraus betrugen 38 Pfund im Jahr, inklusive der amerikanischen Ausgaben; hinzu kamen noch einmal rund 130 Pfund aus ihrer journalistischen Tätigkeit, die sie haßte. Von ihrem ersten Buch, *Die Fahrt hinaus*, verkauften sich zwischen 1915 und 1929 gerade einmal 479 Exemplare, und die Tantiemen in dieser Zeit dafür betrugen insgesamt 26 Pfund, zwei Shilling und zehn Pence. 1937 seufzte sie über ihre Arbeit: »Das Zeug zum Glück haben wir, das Glück nicht.« Gerade zu dieser Zeit aber war das Lamento nicht angebracht, denn 1937 war unter finanziellen Gesichtspunkten das beste Jahr, das Virginia je hatte. Sie verdiente mit ihren in England und Amerika erschienenen Büchern 3426 Pfund.

Da Virginia nun seit etlichen Jahren ohne einen Anfall

war, wollte sie fort von Richmond und wieder hinein ins Londoner Leben, und 1924 zogen die Woolfs erneut nach Bloomsbury an den Tavistock Square 52.

Zwischen 1925 und 1928 hatte Virginia eine Liebesaffäre mit Vita Sackville-West; bei den ersten Begegnungen war sie allerdings noch wenig von der aristokratischen Vita beeindruckt. »Nicht so recht mein Geschmack«, notierte sie, »auffallend, schnurrbärtig, bunt wie ein Papagei, mit der ganzen natürlichen Ungezwungenheit ihrer Klasse, aber ohne die geistigen Voraussetzungen des Künstlers.« Doch Vita verstand es zweifellos, zu bezaubern, und so hieß es schon bald darauf in einem Brief an Vanessa: »Gleich kommt Vita, um mit mir allein zwei Nächte hierzubleiben; Leonard fährt nach London zurück. Trotzdem, die Juninächte sind lang und warm; die Rosen stehen in Blüte; und der Garten ist voll von Lust und von Bienen, die sich auf den Spargelbeeten vermischen.«

1927 erschien *Die Fahrt zum Leuchtturm*, und im selben Jahr begann Virginia mit der Arbeit an *Orlando*; die durch die Jahrhunderte reisende Hauptfigur, sowohl Mann als auch Frau, war nach Vita modelliert. Der Roman erschien Ende 1928 und war eine große Liebeserklärung an Vita.

Als Vorlage diente Virginia das von Vita 1922 gründlich recherchierte Werk *Knole and the Sackvilles*, in dem Vita die Geschichte ihrer Familie erzählt. Virginia wollte sich mit diesem Titel auch eine geistig-kreative Schaffenspause gönnen, und so notierte sie in ihrem Tagebuch: »Denn ich spüre wirklich das Bedürfnis nach einer Eskapade nach diesen ernsthaften, poetischen, experimentellen Büchern, deren Form immer so genau durchdacht ist. Ich glaube, es wird großen Spaß machen, es zu schreiben; und es wird meinem Kopf eine Ruhepause verschaffen, bevor ich das sehr ernsthafte mystische, poetische Werk in Angriff nehme, das als nächstes für mich ansteht (nämlich *Die Wellen*).« Und ein Jahr später hieß es: »Ich habe dieses Buch schneller als irgendein anderes geschrieben: & es ist ein einziger Witz; & doch heiter & schnell lesbar, glaube ich; Ferien eines Schriftstellers.« Zwei Tage später schrieb sie in einem Brief an Vita: »Ich habe alle diese Monate in Dir gelebt – wenn ich herauskomme, wie bist Du wirklich? Existierst Du? Habe ich Dich erfunden?«

Orlando – A Biography erschien in der Hogarth Press in einer Auflage von 5080 Exemplaren; schon nach wenigen Tagen mußten weitere 3000 Bücher nachgedruckt werden, gleichzeitig wurden in den USA 6350 Exemplare verkauft. Der Titel wurde ein großer finanzieller Erfolg für Virginia. Das Originalmanuskript schenkte sie Vita (es kann heute in Knole besichtigt werden).

In den folgenden Jahren schrieb Virginia an weiteren Werken, arbeitete sporadisch in der Hogarth Press und hatte zusammen mit ihrem Mann viele gesellschaftliche Verpflichtungen; die Woolfs pendelten regelmäßig zwischen Monk's House und London/Bloomsbury hin und her. Virginia kränkelte zwar häufig und verfiel oft in Melancholie, doch war sie gemessen an ihren früheren Zusammenbrüchen psychisch recht stabil. Sowohl in Rodmell als auch in Bloomsbury gingen Besucher aus und ein, Virginia und Leonard waren häufig bei Freunden eingeladen, gingen ins Theater, in Konzerte und schauten sich Kinofilme an. Die beiden besuchten Griechenland, Frankreich und Deutschland. Virginia war mittlerweile zu einer bekannten und geachteten Schriftstellerin geworden; drei Universitäten boten ihr die Ehrendoktorwürde an, doch sie lehnte ab.

1939 übersiedelten die Woolfs in Bloomsbury an den Mecklenburgh Square; ein Jahr später wurde das Haus bei einem Luftangriff schwer beschädigt. Die Druckmaschine der Hogarth Press sowie die Bücher und viele Möbelstücke wurden aus dem gefährdeten London nach Monk's House in Sicherheit gebracht.

Nach den ersten Angriffen auf London zogen die Woolfs ganz nach Rodmell; doch von nun an ging es mit dem psychischen Zustand von Virginia rapide bergab. Tag und Nacht dröhnten die deutschen Bomberkonvois über Monk's House, um ihre todbringende Fracht über London abzuladen. Die Briten erwarteten eine Invasion an der Südküste, nur wenige Kilometer von Rodmell entfernt. Zudem war Leonard Jude und wäre damit bei einem Einmarsch der Nazi-Truppen besonders gefährdet gewesen. Dies alles konnte der fragile Gemütszustand von Virginia nicht ertragen. Was sie brauchten, waren in hohem Maße Ruhe, Frieden und Sicherheit.

Am Morgen des 28. März 1941, an einem sonnigen, klaren, aber sehr kalten Tag, schrieb sie in ihrer Dichterklause im Garten Abschiedsbriefe an ihre Schwester Vanessa und an Leonard, an die beiden Menschen, die sie am meisten liebte. Dann ging sie über die Wiesen zum Ouse, zwängte einen schweren Stein in ihren Mantel und ertränkte sich. Erst drei Wochen später wurde ihre Leiche gefunden. Es spricht für die menschliche Größe von Leonard Woolf, daß er noch am selben Abend Vita Sackville-West über die tragischen Ereignisse informierte.

In Virginias letztem Schreiben an Leonard heißt es: »Liebster, ich spüre genau, daß ich wieder wahnsinnig werde. Ich glaube, daß wir eine solch schreckliche Zeit nicht noch einmal durchmachen können. Und diesmal werde ich nicht wieder gesund werden. Ich höre Stimmen, und ich kann mich nicht konzentrieren. Darum tue ich, was mir in dieser Situation das Beste scheint. Du hast mir das größtmögliche Glück geschenkt. Du bist mir alles gewesen, was einem einer sein kann. Ich glaube nicht, daß zwei Menschen haben glücklicher sein können – bis die schreckliche Krankheit

Monk's House mit dem Gewächshaus

kam. Ich weiß, daß ich Dir Dein Leben ruiniere. Was ich sagen möchte, ist, daß ich alles Glück meines Lebens Dir verdanke. Alles, außer der Gewißheit Deiner Güte, hat mich verlassen.«

Und ihr Abschiedsbrief an Vanessa lautete: »Liebes, Du kannst Dir nicht vorstellen, wie ich mich über Deinen Brief gefreut habe. Aber ich habe das Gefühl, daß ich diesmal zu weit gegangen bin, um wieder zurückzukommen. Ich bin jetzt sicher, daß ich wieder verrückt werde. Es ist genau wie beim erstenmal; ich höre immer Stimmen, und ich weiß, daß ich diesmal nicht damit fertig werde. Ich möchte nur sagen, daß Leonard so wunderbar gut gewesen ist, jeden Tag, immer. Ich kann mir nicht vorstellen, daß irgend jemand mehr für mich getan haben könnte als er. Wir sind vollkommen glücklich gewesen, bis vor ein paar Wochen, als dieses Grauen begann. Wirst Du ihn dessen versichern? Ich weiß, er hat soviel zu tun, daß er weitermachen wird, und zwar besser ohne mich, und Du wirst ihm beistehen. Ich kann kaum noch klar denken. Wenn ich könnte, würde ich Dir sagen, was Du und die Kinder für mich bedeutet haben. Ich glaube, Du weißt es. Ich habe dagegen angekämpft, aber jetzt kann ich nicht mehr.«

Quentin Bell sah Leonard einige Tage nach der Tragödie: »Als er nach Charleston kam, war ich über den Anblick seiner Verzweiflung entsetzt, obwohl er von stoischer Ruhe war. Es war schrecklich, und ich habe keine Sympathien für die Dummköpfe, die seither behauptet haben, er hätte Virginia nicht geliebt.«

Und als Vita Sackville-West die schreckliche Nachricht erreichte, schrieb sie an ihren Mann Harold Nicolson: »Ich habe soeben einen fürchterlichen Schock bekommen. Virginia hat sich umgebracht. Es steht nicht in der Presse, doch bekam ich Briefe von Leonard Woolf und Vanessa Bell. Als Leonard nach Hause kam, fand er einen Zettel, sie werde

Selbstmord begehen, und sie glauben, daß sie sich ertränkt hat, da er ihren Stock im Fluß treibend gefunden hat. Er sagt, sie habe sich in letzter Zeit nicht wohlgefühlt und habe Angst davor gehabt, sie könne wieder verrückt werden. Er schreibt: ›Vermutlich war es die Belastung durch den Krieg und die Fertigstellung ihres Buches; sie fand weder Ruhe, noch mochte sie essen.‹ Ich kann es einfach nicht fassen. Dieses herrliche Wesen, dieser herrliche Geist. Und sie schien so wohl zu sein, als ich sie das letzte Mal sah, und noch vor zwei Wochen hatte ich einen spaßigen Brief von ihr. Sie muß ganz von Sinnen gewesen sein, sonst hätte sie Leonard nicht soviel Kummer und Entsetzen bereitet. Vanessa hat ihn besucht und schreibt, er sei verblüffend beherrscht und ruhig, dringe aber darauf, daß man ihn allein läßt.«

Leonard verstreute Virginias Asche unter zwei Ulmen im Garten von Monk's House und vergrub dort auch die Urne »am Rande des großen Rasenplatzes, der ›The Croft‹ genannt wurde. Von hier hatte man einen ungehinderten Blick über die Felder und Sumpfwiesen. Dort standen zwei große Ulmen mit ineinander verflochtenen Zweigen, die wir immer Leonard und Virginia genannt hatten.« Bei einem großen Sturm in der ersten Januarwoche 1943 wurde eine der Ulmen umgeweht.

Neun Tage nachdem Vita Sackville-West die Nachricht vom Tode Virginias erhalten hatte, schrieb sie in einem Brief am 8. April 1941: »Gestern besuchte ich Vanessa [Bell] in Charleston. Sie hätte nicht freundlicher sein können und hat mir alles erzählt. Ich war etwas entsetzt, daß sie sagte, Leonard wolle mich gerne sprechen. Also fuhr ich nach Monk's House. Er trank gerade Tee – nur eine Teetasse auf dem Tisch, an dem sie immer Tee tranken. Er sagte: ›Gehen wir irgendwohin, wo es behaglicher ist‹, und führte mich in ihr Wohnzimmer hinauf. Da lag ihre Handarbeit auf einem Stuhl, und ihre bunte Wolle hing über so einer Art Handtuchständer, den sie sich dafür hatte machen lassen. Ihr Fingerhut auf dem Tisch. Ihr Notizblock mit ihrer Schrift. Das Fenster, von dem aus man den Fluß sehen kann. Ich sagte: ›Leonard, ich habe es nicht gern, daß Sie hier so allein sind.‹ Er richtet diese durchdringenden blauen Augen auf mich und sagt: ›Es ist das einzig Richtige.‹ Da sah ich ein, daß er recht hatte. Aber es erfordert schon Mut. Über die ganze Sache sprach er völlig ruhig und mit allen Einzelheiten, vor nichts zurückschreckend. Einige Sätze trafen. Er sagte: ›Als wir sie nirgends finden konnten, ging ich zu einem verlassenen Haus auf den Downs namens Mad Misery, das sie sehr gern hatte; aber sie war nicht da. Sie haben den Fluß abgefischt, geben jetzt aber die Suche auf. Da die Gezeiten in den Fluß eindringen, ist sie vermutlich ins Meer hinausgetragen worden. Ich hoffe das. Ich hoffe, sie werden sie nie finden. Anscheinend aber trug sie, als sie sich ertränken wollte, große Gummistiefel, wenn diese sich mit Wasser füllten, mußten sie sie hinunterziehen. Außerdem hat sie sich vielleicht Steine in die Taschen gestopft. Das Flußufer ist mit Steinen befestigt. Das einzige, was mich wundert, ist, daß man nie ihren Hut treibend gefunden hat. Vanessa meint aber, er sei durch ein Gummiband gehalten worden und mit ihr untergegangen.‹«

Achtundzwanzig Jahre nach Virginia starb Leonard Woolf neunundachtzigjährig in Monk's House. Auch seine Asche wurde von Freunden unter der nun einzigen Ulme verteilt, seine Urne ebenfalls im Garten vergraben. 1985 fiel diese verbliebene Ulme einer Baumkrankheit zum Opfer.

Die *Encyclopaedia Britannica* würdigt Leonard Woolf als »one of the outstanding men of his time«, und E. M. Forster sagte über ihn: »Was für ein Leben hat er doch geführt, und wie gut hat er es geführt.«

Anreise: Monk's House liegt im Weiler Rodmell, ca. 15 km nordöstlich vom südenglischen Seebad Brighton und 6 km südlich der kleinen Verwaltungsstadt Lewes; von hier führt eine unklassifizierte Straße nach Rodmell. Im Örtchen ist Monk's House ausgeschildert.
Öffnungszeiten: 1. April bis 31. Oktober, Mi. und Sa. 14-17.30 Uhr.

»Schlicht leben, bedeutend denken« – William Wordsworth in Dove Cottage und Rydal Mount

Eine der schönsten und rauhesten Landschaften in ganz England ist der Lake District, und seit gut zwei Jahrhunderten besingen ihn die Dichter und malen ihn die Künstler. Der Lake District ist Englands größter Nationalpark und erstreckt sich über eine Fläche von 2279 km². Sechzehn große Seen werden eingerahmt von vielen hohen Bergen, und die gesamte Region ist ein attraktives Wandergebiet. Höchster Gipfel Englands ist der Scafell Pike (987 m), dicht gefolgt vom Scafell (964 m), dem Helvellyn (950 m) und dem Great Gable, der immerhin noch 899 m hoch in die Wolken ragt. Mächtige Wasserfälle rauschen die Gebirgshänge hinunter, alpine Pflanzen wachsen in geschützten Nischen, seltene Vögel durchmessen die Lüfte, und megalithische Steinsetzungen der frühen bronzezeitlichen Siedler sorgen dafür, daß die Wanderer auf ihren Bergtouren immer wieder Überraschungen erleben.

Bis in die Romantik hinein, zu Beginn des 19. Jahrhunderts, wäre keiner der Bewohner freiwillig in die Berge gestiegen, doch in jener Zeit intensivierten sich die Gefühle der Menschen für die Landschaft. Romantische Dichter priesen die rauhe Schönheit der Gegend und weckten die Aufmerksamkeit dafür. William Wordsworth, Samuel Taylor Coleridge und Robert Southey waren die drei Dichter – in England bekannt als The Lake Poets –, die sich mit kraftvollen Versen der Region annahmen, und Wordsworth schrieb gar den ersten Reiseführer über die Region, *The Guide to the District of the Lakes*, der erstmals 1820 erschien und schon bis 1835 in fünf jeweils erweiterten Auflagen publiziert wurde. Coleridge erwanderte sich systematisch seine neue Heimat – das machten ihm bald die Viktorianer nach, und in England kam das Reisen in Mode. Jeder Flecken, jeder Gipfel, jede Klamm und jedes Seeufer wurden nun erkundet, und wer als erster vor Ort war, der gab seiner Entdeckung natürlich einen Namen, zumeist einen fröhlichen: Little Lad Crag, Pots of Ashness, Green Crag Gully, Dolly-Wagon Pike, Windy Gap, Tom Blue, Hell Gate Pillar, Eagle's Nest Ridge und so weiter.

Etwas außerhalb des kleinen Örtchens Grasmere, das mitten im Lake District und am Ufer des gleichnamigen Sees liegt, steht Dove Cottage, in dem William Wordsworth von 1799 bis 1808 lebte und arbeitete. Das Häuschen wurde Anfang des 17. Jahrhunderts erbaut und diente zunächst unter dem Namen »The Dove and Olive« als Gasthof an der Straße von Keswick nach Ambleside, den beiden Hauptorten im Lake District. Die Dörfler nannten die Kneipe in jenen Tagen nur »Town End«. Es ist ein unscheinbares, für die Region sehr typisches Häuschen, aus Bruchsteinen gemauert, mit einem weißen Kalküberzug versehen, einem Schieferdach mit den Kaminen und kleinen, bleigefaßten Maßwerkfenstern. Am Abend des 20. Dezember 1799 – die Dunkelheit war schon hereingebrochen – trafen William Wordsworth und seine Schwester Dorothy frierend, müde und hungrig in ihrem zukünftigen Heim ein. Nachdem sie den Windfang passiert hatten, traten sie in das Wohnzimmer, in dem ein großer Kamin wohltuende Wärme spendete. Die beiden hatten, wie Dorothy ein Jahr später schrieb, »ihr Objekt der Begierde, ihr langersehntes Ziel erreicht«. Unter dem einzigen Fenster des Zimmers befand sich eine fest eingebaute Sitzbank, der Boden war mit Steinplatten ausgelegt, und die Wände besaßen teilweise eine über die Jahrzehnte nachgedunkelte Holzverkleidung. Zu den Zeiten, da das Häuschen noch als Kneipe diente, war dies einmal der

Schankraum gewesen. Die Wordsworths nutzten ihn als Eßzimmer und für die Hausarbeiten. Für die Besucher, die heutzutage in diesem Zimmer vom Kustos des Hauses begrüßt und auf die folgende Führung durch Dove Cottage eingestimmt werden, hat sich seit jenen Tagen kaum etwas verändert. Thomas de Quincey, dem deutschen Leser bekannt durch sein Buch *Bekenntnisse eines Opiumessers* und lebenslang ein glühender Verehrer von Wordsworth, erinnerte sich in späteren Jahren an seinen ersten Besuch in diesem Zimmer: »Der Raum besaß eine sehr schöne Wandtäfelung aus polierter Eiche, die vom Boden bis hoch zur Decke reichte und nur von wenigen Schnitzereien überzogen war; das einzige Fenster, perfekt und nicht anmaßend, war fast in jeder Jahreszeit von Rosen überwölbt.« Hier traf de Quincey auch zum erstenmal Wordsworths Gattin Mary, »eine schlanke junge Frau mit einem sehr gewinnenden gütigen Ausdruck«, und die Schwester Dorothy, »ein wenig kleiner, mit einem bestimmenden zigeunerhaften Teint. Ihre Augen waren nicht so weich wie die von Mrs. Wordsworth, noch waren sie grimmig oder kühn, aber wild und überraschend und bei jeder Bewegung eilten sie hin und her. Ihr Habitus war warm, ja sogar feurig und ihre Sensibilität schien tief verankert zu sein.«

William Wordsworth wurde am 7. April 1770 im Örtchen Cockermouth, das ebenfalls im Lake District liegt, als Sohn eines erfolgreichen Rechtsanwaltes geboren. Sein Geburtshaus – heute ebenfalls zu besichtigen – ist ein äußerst stattliches, zweistöckiges Gebäude mit einem säulengeschmückten, überdachten Eingangsportal und siebzehn Fenstern an der Vorderfront. Der Kunsthistoriker Nikolaus Pevsner nannte das Anwesen »ein recht großspuriges Haus für eine solche Stadt«.

Durch den großen Garten plätschert der Derwent, dessen Ufer dem kleinen William als abenteuerlicher Spielplatz dienten und wo er mit seinem zwei Jahre älteren Bruder Richard und den jüngeren Geschwistern nach Herzenslust herumtollen konnte. 1771 wurde Dorothy geboren, 1772 kam John hinzu und 1774 Christopher. Alle fünf Wordsworth-Kinder kamen in dem großbürgerlichen Haus in Cockermouth auf die Welt.

William muß ein rechter Wildfang gewesen sein, denn seine Mutter beschrieb sein Temperament schon früh als »stark, launisch und gewalttätig« und sagte einem Freund der Familie, daß er einmal eine »bemerkenswerte Karriere machen werde, entweder im Guten oder im Bösen«. 1778 starb die Mutter, und die Jungen wuchsen im Haus ihres Onkels im nahegelegenen Penrith auf, Dorothy hingegen wurde zu Verwandten nach Halifax geschickt und sollte für die folgenden neun Jahre ihre Brüder nicht wiedersehen.

Von 1779 bis 1787 besuchte William die Schule im Weiler Hawkshead, die 1585 von Edwin Sandys, dem späteren Erzbischof von York gegründet wurde. Das Schulgebäude datiert aus dem Jahr 1675 und kann heute noch besichtigt werden. Unter »Hawksheads glücklichem Dache« machte William Wordsworth respektable Fortschritte, und zur 200-Jahr-Feier des Bestehens der Bildungsanstalt wurden die Eleven angehalten, prosaische Verse zu schmieden. Natürlich glänzte William mit seinen Reimen. Entgegen den schulischen Erfahrungen anderer Zeitgenossen war William glücklich in Hawkshead, und er schätzte bis ins hohe Alter seinen Schulmeister William Taylor, der ihn zum Lesen und zum Schreiben anleitete. Auch an einen anderen Lehrer, an einen gewissen Shaw, erinnerte er sich in späteren Jahren gerne, »weil er mir innerhalb von vierzehn Tagen mehr Latein beibrachte, als ich in zwei Jahren in der Schule von Cockermouth gelernt hatte«. Im Oktober 1787 verließ Wordsworth zum erstenmal seine Heimatregion und ging zum Studium nach Cambridge ins St. John's College. Der

Abschied war schmerzhaft, und der junge Student dichtete voller Gram: »Dear native region, I foretell, / From what I feel at this farewell«. Dort, an der Universität, stellte er überrascht fest, daß seine Schulausbildung in Hawkshead weit über dem Durchschnitt gelegen hatte und er den anderen Studienanfängern um ein Jahr voraus war. Also »las ich zu meinem Vergnügen nichts anderes als die Klassiker und italienische Poesie«. Nach neun Monaten in Cambridge kehrte er während der Sommerferien wieder in den Lake District zurück und notierte später in seinem langen autobiographischen Gedicht *Das Vorspiel oder Die geistige Entwicklung eines Dichters* sein Entzücken über die landschaftliche Attraktivität, über die Seen und Berge seiner Heimat. Von Juli bis Oktober 1790 unternahm der junge Student mit seinem Kommilitonen Robert Jones eine Wandertour durch Frankreich und die Schweiz, Weihnachten verbrachte er dann zusammen mit Dorothy bei einem Onkel in Norwich, und im folgenden Januar schloß er sein Studium in Cambridge erfolgreich ab und ging für kurze Zeit nach London.

Gegen Ende 1791 reiste Wordsworth erneut nach Frankreich, blieb kurze Zeit in Paris und zog dann weiter nach Orléans, »um dort fließend die Sprache zu lernen«. Darüber hinaus war er – wie alle Romantiker seiner Zeit – von der Französischen Revolution begeistert. In Orléans verliebte er sich in Annette Vallon, die alsbald schwanger wurde. Beide planten zu heiraten, doch Frankreichs Kriegserklärung und die feindselige Haltung der Familie Vallon ließen Wordsworth noch vor der Geburt seiner Tochter Caroline – die im Dezember 1792 zur Welt kam – abreisen und nach England zurückkehren.

Im Januar 1795 vermachte ein Freund Wordsworth eine Erbschaft von stattlichen 900 Pfund, und zusammen mit seiner Schwester Dorothy ließ William sich in der südenglischen Grafschaft Dorset nieder. Dort lernte er Samuel

Taylor Coleridge und dessen Schwager Robert Southey kennen. William, Dorothy und Coleridge schlossen schnell innige Freundschaft, und die beiden Dichter inspirierten sich gegenseitig. Als Coleridge mit der Arbeit an seiner berühmten Ballade *Die Weise vom alten Seefahrer* begann, bot der Freund Hilfe an, um jedoch schnell festzustellen, daß sein Stil nicht mit dem von Coleridge harmonierte. Also beschränkte er sich auf kritische Anmerkungen (die er später als »unbedeutend« einstufte). Aber auch Coleridge sorgte sich um die literarische Karriere des Freundes und drängte ihn zu dichterischen Arbeiten.

Nach einem längeren Deutschlandbesuch, bei dem Wordsworth nach der jüngsten Biographie von Kenneth Johnston für den englischen Geheimdienst spionierte und nebenbei sein autobiographisches Gedicht *Das Vorspiel* konzipierte, unternahmen er, Coleridge und Dorothy eine ausgedehnte Wanderung im Lake District. Für fünf Nächte schlugen sie ihr Lager in Grasmere auf. Auf dieser Tour entdeckten sie Dove Cottage – oder besser Town End. Denn während der Zeit, in denen die Wordsworths dort lebten, besaß das Häuschen nur diesen Namen, Dove Cottage wurde es erst später genannt. »Coleridge war von Grasmere und der Umgebung sehr begeistert, es gibt hier ein kleines leerstehendes Haus, welches wir vielleicht nehmen könnten«, schrieb Wordsworth. Es sollten jedoch noch einige Jahre vergehen, bis sie dort einziehen konnten, erst 1799 war es soweit. Binnen weniger Wochen folgte Coleridge den Freunden in den Lake District und nahm Quartier im Anwesen Greta Hall in Keswick. Keswick liegt rund 20 km nördlich von Grasmere, und da Coleridge, Wordsworth und Dorothy begeisterte Wanderer waren, besuchten sie sich regelmäßig. Von Dorothy wissen wir, daß sie die Strecke zu Fuß in viereinhalb Stunden zurücklegen konnte und das, obwohl auf der Route die lange Steigung des Dunmail Raise zu bezwingen war. Coleridge bestieg auf seiner Tour gen Grasmere gerne nebenbei den 950 m hohen Helvellyn, der ein wenig abseits der Strecke seinen Gipfel in die Wolken steckt und der dritthöchste Berg Englands ist.

In dem kleinen Häuschen verbrachte William Wordsworth seine schaffensreichsten Jahre. Dorothy führte ihm derweil den Haushalt, schrieb die Gedichte ihres Bruders in Schönschrift ab, las ihm alle Wünsche von den Augen ab und führte dabei noch akkurat ihre Tagebücher, die unter dem Titel *Grasmere Journals* in die englische Literaturgeschichte eingehen sollten. Diese Aufzeichnungen sind eine unerschöpfliche Quelle über das Alltagsleben des großen Bruders. »William schrieb an einem Teil seiner Ode. Mr. Oliff hat uns den Stallmist geschickt, und William arbeitete im Garten.« »William hat schlecht geschlafen. (...) William ging sehr krank zu Bett.« Auch um ihre Gesundheit stand es nicht zum besten. »Sehr krank als ich nach Hause kam, legte mich ins Bett des Wohnzimmers, nahm Laudanum.« Um 1820 konnten ihr Bruder und ihre Freunde sie dazu überreden, ihre Tagebücher zu publizieren, doch sollte das *Grasmere Journal* dann erst 19 Jahre nach ihrem Tod, 1874, erscheinen. Ihre Beschreibung von der Bergbesteigung des Scafell Pike wurde als Anhang zu Wordsworths Reiseführer *Guide to the Lakes* gedruckt.

Bei den täglichen häuslichen Verpflichtungen ging Dorothy eine gewisse Molly Fisher, eine Nachbarsfrau, zur Hand, die für ihre Arbeiten 2 Shilling bekam, sechs Pence mehr als die übliche Bezahlung. »Meine kleine Kajüte«, nannte Wordsworth Dove Cottage, und der hochgewachsene Dichter kam immer nur mit gesenktem Kopf ins Häuschen. Das Leben in Dove Cottage war einfach, die Mahlzeiten frugal, der Komfort auf das nötigste beschränkt. Sir Walter Scott, der 1805 in Dove Cottage zu Besuch war, merkte an, daß es drei Mahlzeiten am Tag gab, davon kam zweimal Haferbrei

William und Mary Wordsworth,
Porträt von Margaret Gillies

auf den Tisch. Es wird erzählt, daß Scott am zweiten Tag seines Besuches Arbeit vorschützte, um dem kargen Frühstück zu entgehen. Er verriegelte seine Zimmertür, stieg durchs Fenster und verschwand in dem Pub »The Swan« von Grasmere (den es auch noch heute gibt), wo er ein opulentes Frühstück orderte. So machte er es auch die folgenden Tage, doch nach einer Woche trafen Wordsworth und Scott auf einem Spaziergang den Wirt vom Swan, der sich bei dem Schotten nach den Frühstückswünschen für den nächsten Morgen erkundigte. Wie man hörte, soll William Wordsworth pikiert gewesen sein.

Dorothy hatte ihr Schlafzimmer im Erdgeschoß, William seines im ersten Stock. Von dort hatte er einen ungehinderten Blick auf den Lake Grasmere und die umgebenden Berge. Der Besucher kann das heute nicht mehr nachvollziehen, denn mittlerweile ist die Sicht auf den See durch weitere Gebäude verstellt. Ebenfalls unten befanden sich die Küche und daneben ein Vorratsraum. Da Dove Cottage an einem Hang gebaut ist, befindet sich dieser Lagerkeller fast komplett im Erdreich, und da unter seinen steinernen Bodenplatten zudem eine Quelle entspringt, war diese »The Buttery« genannte Kammer ein wahrer Eiskeller und ideal geeignet zum Lagern der Lebensmittel.

Auf halber Strecke die Treppe hoch befindet sich eine von den Wordsworths eingebaute Tür, die in den Garten führt. Dies ist eine der wenigen Veränderungen, die im Hause angebracht wurden. Vom Wohnzimmer aus im ersten Stock, das sich genau über dem ehemaligen Schankraum und dem Eßzimmer befindet, hatten die Wordsworths ebenfalls phantastische Ausblicke auf die schöne Landschaft des Lake District. In diesem Raum wurden die Gäste bewirtet, die Familie trank hier ihren Tee, aß Dorothys Gebäck, und in diesem Zimmer schrieb Wordsworth seine Gedichte nieder. Die Verse komponierte er auf seinen ausgedehnten Wandertouren, im Wohnzimmer dann brachte er sie zu Papier. Am 14. März 1802 notierte Dorothy in ihrem Tagebuch, daß William im Wohnzimmer *Poem to a Butterfly* schrieb, »während wir beim Frühstück waren. Der Teller mit der Graupensuppe vor ihm war unberührt. Er aß nicht einen Bissen, noch zog er sich seine Strümpfe an, er saß da in seinem aufgeknöpften Hemd und seiner offenen Weste, als er schrieb.«

Ständig waren Gäste in Town End, zu den bekanntesten zählten Sir Walter Scott, Charles Lamb, der unermüdlich gegen die Sklaverei schreibende Publizist Thomas Clarkson, Hofdichter Robert Southey und Thomas de Quincey – von dem der Besucher bei der Führung durch Dove Cottage vom Kustos des Hauses erfährt, daß er sich mehr oder weniger selbst eingeladen hatte und für sieben Monate blieb –, und natürlich Coleridge. Der besaß die Freiheit zu kommen, wann er wollte. »Coleridge kam um 11 Uhr abends, während ich gerade im stillen, klaren Mondschein spazierenging«, notierte Dorothy. »Er kam über den Helvellyn – William war schon im Bett. Wir saßen und plauderten bis gegen halb vier, William im Schlafanzug. Coleridge las uns einen Teil aus *Christabel* vor. Wir sprachen viel über die Berge und so weiter und so fort.«

Ebenfalls im ersten Stock befindet sich ein kleiner Raum, der ab 1805 als zusätzliches Gästezimmer umgebaut wurde, da man den Besucheransturm kaum noch bewältigen konnte – »jedes verfügbare Bett ist mit zwei Personen belegt.« Um die Wärmedämmung zu erhöhen, tapezierte Dorothy die Wände mit den Blättern der *Times*, und 1970 restaurierte man diesen »Newspaper Room« mit Ausgaben der *Times* aus Wordsworths Zeit.

Am 27. März 1802 ging mit dem Frieden von Amiens der erste der Französischen Revolutionskriege zu Ende, in dem auch England gekämpft hatte, und fortan war es Briten wieder gestattet, nach Frankreich zu reisen. Fast zur selben Zeit hatten sich die finanziellen Verhältnisse der beiden Wordsworths verbessert. Die für die damaligen Tage unvorstellbar große Summe von 8000 Pfund ging an William und seine Schwester, es handelte sich dabei um die Rückzahlung von Schulden, die ein ehemaliger Klient ihres Vater hinterlassen hatte. Um den Wert dieses Betrages deutlich zu machen, sei hier angemerkt, daß Dove Cottage pro Jahr acht Pfund Miete kostete. William machte sich in Begleitung von Dorothy auf nach Frankreich, um seine frühere Geliebte, Annette Vallon und die gemeinsame Tochter Caroline zu besuchen. Am 1. August trafen sie in Calais ein und verbrachten den ganzen Monat mit Mutter und Tochter. Leider ist so gut wie nichts über diesen Aufenthalt bekannt, und auch Dorothys normalerweise sehr genaue Tagebucheintragungen helfen uns nicht weiter.

Kaum nach England zurückgekehrt begannen die Hochzeitsvorbereitungen, denn am 4. Oktober 1802 heiratete William Wordsworth Mary Hutchinson, die er und Dorothy seit Kindertagen kannten. Wenige Tage vor der Ehezeremonie hatte Dorothy ihrem Bruder des Abends Shakespeares Gedicht *Der Liebenden Klage* vorgelesen und damit – wie Wordsworths Biograph Kenneth Johnston schreibt – sich bitterlich beim Bruder über seine bevorstehende Hochzeit beklagt. Sie faßte ihre Trauer über den Verlust Williams in die machtvollen Worte Shakespeares, um ihrem Seelenschmerz Ausdruck zu verleihen. »Des Hügels tiefe Mulde hallte wider / Den Klageruf daher vom Schwesterntal, / Ich legte mich dem Zweiklang lauschend nieder: / Da ward mir Kunde von verliebter Qual. / Ein Mädchen sah ich, schwach und kummerfahl / Zernichten Brief und Ringe: ihrer Klagen / Gewittersturm hatt' ihr die Welt zerschlagen.«

Unmittelbar vor der Trauung spielte sich eine gespenstische Szene ab. Dorothy streifte sich am Abend vorher den

Dove Cottage. Hier lebte William Wordsworth von 1799 bis 1808

Ehering der Braut über und ging damit zu Bett. Am nächsten Morgen stand sie auf und kleidete sich wie eine Braut ganz in Weiß. Dann brach sie weinend zusammen und konnte an der Zeremonie nicht teilnehmen. Als die frischgebackenen Eheleute aus der Kirche zurückkamen, hatte Dorothy einen erneuten emotionalen Zusammenbruch. Warum diese Aufregung? Dorothy liebte ihren Bruder William – allerdings nicht wie eine Schwester. Aus ihren Tagebüchern wissen wir, daß sie eine körperliche Beziehung zu William hatte. Die Frage, die sich nun alle Biographen stellen, ist die, welcher Art diese körperliche Beziehung war, und nicht wenige gehen davon aus, daß sie über viele Jahre miteinander geschlafen haben. In der September-Ausgabe des renommierten *Times Literary Supplement* aus dem Jahr 1998 rezensiert Stephen Gill – der 1989 eine weithin beachtete Wordsworth-Biographie herausgebracht hat – die neue, 1998 publizierte Lebensdarstellung von Kenneth Johnston »The Hidden Wordsworth – Poet, Lover, Rebel, Spy«. Gill lobt das Buch sehr, doch gelang es weder ihm 1989 noch Johnston 1998, zweifelsfrei und schlüssig nachzuweisen, daß William mehr tat als am Busen seiner Schwester zu ruhen – wie wir es aus Dorothys Tagebüchern wissen. Johnston verwendet in seiner opulenten Biographie viel Energie auf diese Frage, er interpretiert das Werk von Wordsworth in diesem Sinne und kann dennoch nur der Vermutung Ausdruck verleihen, daß Bruder und Schwester eine sexuelle Beziehung miteinander hatten – einen Beweis aber hat auch er nicht gefunden. Bis heute wird diese mögliche körperliche Beziehung zwischen den beiden Geschwistern noch immer verschämt verschwiegen. Wer nach der Besichtigung von Dove Cottage die bebilderte Broschüre zum Leben von Wordsworth ersteht, erfährt nur von der »leidenschaftlichen Hingabe« der Schwester für den Bruder.

In späteren Jahren schrieb William über die Schwester:

»She gave me eyes, she gave me ears, / And humble cares, and delicate fears, / A Heart, the fountain of sweet tears. / And love, and thought and joy.«

Bis zum Jahr 1808, dem Auszug aus Town End, hatte Mary ihrem Gatten die Kinder John, Thomas und Dora geboren, bis 1810 kamen Catherine und William zur Welt.

Town End war schon lange zu eng geworden für die wachsende Familie und die Besucherströme. »Wir sind in unserem Nest bis in die Ecken vollgestopft«, schrieb Dorothy 1806 an eine Freundin. Schon als zwei Jahre zuvor Dora geboren wurde, hatte es bei Dorothy geheißen: »Wir sind seit der Geburt des kleinen Mädchens schrecklich beengt in diesem winzigen Cottage, und wir schauen uns nach einem größeren Haus um.« Doch erst 1808 zogen die Wordsworths dann für drei Jahre in das größere Anwesen Allen Bank, ebenfalls in Grasmere gelegen. Thomas de Quincey, der weiter dem Geist des großen Wordsworth nahe sein wollte, mietete Town End im Februar 1809 für die folgenden einundzwanzig Jahre.

1811, die große Familie lebte mittlerweile im Pfarrhaus von Grasmere, starben die dreijährige Catherine und nur ein halbes Jahr später der sechsjährige Thomas an Lungenentzündung. Die Wordsworths wollten nicht in Sichtweite der beiden kleinen Gräber leben, und so zogen Mary und William Wordsworth mit dem neunjährigen John, der acht Jahre alten Dora und dem zweijährigen William im Mai 1813 nach Rydal Mount, das vor den Toren von Ambleside liegt und heute ebenfalls zu besichtigen ist. Selbstverständlich zog auch Dorothy mit ein, dann kam noch Marys Schwester Sarah hinzu (in die sich Coleridge unsterblich verliebt hatte, aber zurückgewiesen wurde). Bis zu Williams Tod siebenunddreißig Jahre später sollte dies nun das Heim der Familie sein. Die Großzügigkeit und der Komfort des Hauses stehen in krassem Gegensatz zum kleinen Dove

Cottage. Einen Tag nach dem Einzug schrieb Dorothy in einem Brief: »Das Wetter ist herrlich und der Platz ein Paradies«.

Im März 1843 starb Robert Southey, der dreißig Jahre lang das Amt des Poet Laureate innegehabt hatte. Nur zehn Tage später erhielt Wordsworth einen Brief, der ihn davon in Kenntnis setzte, daß seine Majestät ihn als neuen Hofpoeten erkoren hatte. Wordsworth fühlte sich verständlicherweise sehr geehrt, wies jedoch aufgrund seines Alters – er stand in seinem 75. Jahr – die Ernennung zurück. Nur wenige Tage vergingen, da traf ein Schreiben von Premierminister Robert Peel ein: »Schrecken Sie nicht zurück, weil Sie Angst vor Verpflichtungen haben, die diese Aufgabe Ihnen bringen könnte. Ich werde alles unternehmen, damit von Ihnen keine Verpflichtung erbeten wird.« Mit anderen Worten, Wordsworth mußte nicht auf Befehl dichten, so nahm er das Amt an und schrieb nie eine Zeile.

1847 starb im Alter von zweiundvierzig Jahren Wordsworths Tochter Dora, die seit ihrem 18. Lebensjahr an Tuberkulose gelitten hatte. Zwei Monate vor ihrem Tod kam sie zurück nach Rydal Mount, und ihre Mutter pflegte sie bis zum Ende. »Sie wird immer mit mir und der allerletzte Moment meines Lebens sein«, notierte der siebenundsiebzigjährige gramgebeugte Vater, der damit drei seiner Kinder überlebt hatte.

Am 23. April 1850, sechzehn Tage nach seinem 80. Geburtstag, starb William Wordsworth in Rydal Mount. Auf dem Kirchhof zu Grasmere wurde er begraben. Fünf Jahre später folgte ihm die schon seit vielen Jahren geistig verwirrte Dorothy nach, und 1859 kam das Ende für Mary Wordsworth. Sie fand ihre letzte Ruhestätte neben ihrem Mann auf dem Friedhof von Grasmere. Ihr gemeinsames Grab ist leicht zu finden.

Keines der Häuser, in denen William Wordsworth lebte,

hat ihm je gehört, sie waren alle gemietet. Rydal Mount kam spät in unserem Jahrhundert zum Verkauf, und eine Ururenkelin von Wordsworth erstand es. Seit dem 7. April 1970, dem 200. Geburtstag des bedeutendsten romantischen Dichters Großbritanniens, ist es für die Besucher geöffnet. Aber das Haus ist kein Museum, die Nachfahren von Wordsworth wohnen hier in den Ferien, und dann kann man es nicht besichtigen.

Im Eßzimmer von Rydal Mount hängt über dem Kamin ein Porträt von William Wordsworth, das Benjamin Robert Haydon von dem damals achtundvierzigjährigen Poeten malte. Das Original befindet sich heute in der Londoner National Portrait Gallery. Wordsworths Frau Mary mochte das Porträt sehr, Dorothy dagegen lehnte es vehement ab. Die Bezüge der Stühle rund um den Eßtisch haben Dorothy und Mary Wordsworth sowie Sarah Hutchinson während ihrer abendlichen Nadelarbeiten hergestellt. In der Bibliothek von Rydal Mount finden wir ebenfalls über dem Kamin ein Porträt von Dorothy, das S. Crosthwaite 1833 gemalt hat. Es zeigt die altgewordene Dorothy mit einem Spitzenhäubchen und einem wärmenden Schal um die Schulter mit der Brille in der Hand, einem Buch auf den Knien und neben sich ein kleines Hündchen – »little Miss Belle«. Es ist das einzige Bild, das je von Wordsworths Schwester gemalt wurde. Wie die junge Dorothy ausgesehen haben mag, das zeigt uns ein Scherenschnitt in Dove Cottage, der 1806 angefertigt wurde. Nachdem Wordsworth zum Hofdichter gekürt worden war, bekam der amerikanische Maler Henry Inman den Auftrag, ein offizielles Porträt des neuen Poet Laureate anzufertigen. Inman blieb zwei Monate in Rydal Mount, und Mary war von dem Ergebnis seiner Arbeit derartig angetan, daß sie den Künstler bat, ein weiteres Porträt des Gatten für sie selbst anzufertigen. Dieses zweite Bild von Wordsworth hängt heute im Wohnzimmer von Rydal

Mount, die Auftragsarbeit hingegen befindet sich im Besitz der University of Pennsylvania. Im Schlafzimmer der Eheleute hängen die Porträts von Queen Victoria und dem Prince of Wales; beide Bilder wurden Wordsworth bei seiner Ernennung zum Hofdichter von der Königin übereignet. Weiterhin finden wir hier ein Gemälde der altgewordenen Mary Wordsworth von der Künstlerin Margaret Gillies. Dazu passen die Worte eines Besuchers über die Neunundachtzigjährige: »Das lieblichste Gesicht des Alters, das ich je bei einer Frau gesehen habe.« In Doras Schlafzimmer schließlich hängt ein Porträt von Wordsworths so früh verstorbenen Tochter.

Anreise: Rydal Mount befindet sich ca. 1,5 km hinter dem nördlichen Ortsausgang von Ambleside, ein wenig abseits der A 591 (ausgeschildert). Im weiteren Verlauf der A 591 in Richtung Norden auf Keswick zu, erreicht man auf dieser Straße nach wenigen Kilometern kurz vor dem eigentlichen Ortszentrum von Grasmere rechts an der Straße Dove Cottage (ausgeschildert).

Öffnungszeiten: Dove Cottage, geöffnet das ganze Jahr über mit Ausnahme von Mitte Januar bis Mitte Februar; Rydal Mount geöffnet März bis Oktober täglich, November bis Februar täglich außer Dienstag, geschlossen die letzten drei Wochen im Januar.

Benutzte Literatur

Susanne Amrain, So geheim und vertraut – Virginia Woolf und Vita Sackville-West. Frankfurt am Main 1994

Michael Asher, Lawrence the Uncrown King of Arabia. London 1998

Juliet Barker, The Brontës. London 1994

Bella Bathurst, The Lighthouse Stevensons. London 1999

Anne Oliver Bell (Ed.), The Diary of Virginia Woolf, 5 vol. London 1978

Clive Bell, Old Friends. London 1956

Quentin Bell, Bloomsbury. London 1986

Quentin Bell (et al), Charleston – Past and Present. London 1987

Quentin Bell & Virginia Nicolson, Charleston – Ein englisches Landhaus des Bloomsbury-Kreises. München 1998

Quentin Bell, Elders and Betters – Reflections on Bloomsbury. London 1995

Quentin Bell, Erinnerungen an Bloomsbury. Frankfurt am Main 1997

Quentin Bell, Virginia Woolf – Eine Biographie. Frankfurt am Main 1977

James Birdsall, Die Welt der Brontës. Frankfurt am Main 1997

Jean K. Bowden, Jane Austen's House. Norwich 1996

Malcolm Brown (Ed.), The Letters of T. E. Lawrence. Oxford 1991

John Carey, Hass auf die Massen – Intellektuelle 1880-1939. Göttingen 1996

David Cecil, A Portrait of Jane Austen. London 1978

Louise DeSalvo, Virginia Woolf – Die Auswirkungen sexuellen Mißbrauchs auf Leben und Werk. Frankfurt am Main 1994

Louise DeSalvo/Mitchell A. Leaska (Hrsg.), Geliebtes Wesen … – Briefe von Vita Sackville-West an Virginia Woolf. Frankfurt am Main 1985

Margaret Drabble (Ed.), The Oxford Companion to English Literature. Oxford 1985

Jane Dunn, A very close Conspiracy – Virginia Woolf and Vanessa Bell. London 1990

Dorothy Eagle (et al), The Oxford Illustrated Literary Guide to Great Britain and Ireland. Oxford 1992
Bernhard Fabian (Hrsg.), Die englische Literatur, Band 1: Epochen, Formen; Band 2: Autoren. München 1991
Paul Ferris, Caitlin – The Life of Caitlin Thomas. London 1993
Paul Ferris, Dylan Thomas. London 1977
David Gadd, A Portrait of Bloomsbury. London 1974
Angelica Garnet, Freundliche Täuschungen – Eine Kindheit in Bloomsbury. Berlin 1990
Gretchen Gerzina, Carrington – A Life of Dora Carrington 1893-1932. London 1989
Stephen Gill, William Wordsworth. London 1989
Victoria Glendinning, Vita – The Life of Vita Sackville-West. London 1983
Jane Hill, Dora Carrington – Leben zwischen Kunst und Liebe. Eine Biographie. München 1995
Susan Hill/Piers Dudgeon, The Spirit of Britain. London 1994
Charles N. Hession, John Maynard Keynes. Stuttgart 1986
Michael Holroyd, Bernard Shaw – Eine Biographie. Frankfurt am Main 1995
Michael Holroyd, Carrington. Hamburg 1995
Michael Holroyd (Ed.), Lytton Strachey by Himself – A Self Portrait. London 1994
Kenneth Johnston, The Hidden Wordsworth – Poet, Rebel, Lover, Spy. London 1998
Aldous Huxley, Eine Gesellschaft auf dem Lande. München 1977
James King, Virgina Woolf – A Biography. London 1994
Rudyard Kipling, Something of Myself – For my Friends Known and Unknown. London 1992
Rudyard Kipling, Meistererzählungen. Zürich 1995
D.H. Lawrence, Liebende Frauen. Reinbek 1967
James Lawrence, The Golden Warrior – The Life and Legend of Lawrence of Arabia. London 1993
Thomas Edward Lawrence, Die sieben Säulen der Weisheit. München 1978
Hermione Lee, Virgina Woolf – Ein Leben. Frankfurt am Main 1999

Hugh Lee (Ed.), A Cezanne in the Hedge – and other Memories of Charleston and Bloomsbury. London 1992
Andrew Lycett, Rudyard Kipling. London 1999
Elsemarie Maletzke, Das Leben der Brontës. Frankfurt am Main 1992
Elsemarie Maletzke, Jane Austen. Frankfurt am Main 1998
William Manchester, Churchill – Der Traum vom Ruhm 1874-1932, Band 1. Gütersloh 1989
William Manchester, Churchill – Allein gegen Hitler 1932-1940, Band 2. Gütersloh 1990
Regina Marler (Ed.), Selected Letters of Vanessa Bell. London 1993
Kate Marsh (Ed.), Writers and their Houses. London 1993
Caroline Moorehead, Bertrand Russell – A Biography. London 1992
James Nashold & George Tremlett, The Death of Dylan Thomas. Edinburgh 1997
Harold Nicolson, Diaries and Letters 1930-1964, 3 vol. London 1966-1968
Harold Nicolson, Tagebücher und Briefe 1930-1941. Frankfurt am Main 1969
Nigel Nicolson, Portrait of a Marriage. London 1973
Nigel Nicolson (Ed.), Vita and Harold, The Letters of Vita Sackville-West and Harold Nicolson 1910-1962. London 1992
Nigel Nicolson, Long Life – Memoirs. London 1997
Nigel Nicolson, The Letters of Virginia Woolf, 6 vol. London 1975-1980
David Nokes, Jane Austen. London 1997
Andrew Roberts, Churchill und seine Zeit. München 1998
Vita Sackville-West/Harold Nicolson, Sissinghurst – Portrait eines Gartens. Frankfurt am Main 1997 (herausgegeben von Julia Bachstein)
Vita Sackville-West, Schloß Chevron. Frankfurt am Main 1985
Ina Schabert (Hrsg.), Shakespeare-Handbuch. Stuttgart 1978
Richard Shone, Bloomsbury Portraits. London 1976
Andrew Sinclair, Dylan the Bard – A Life of Dylan Thomas. London 1999
Mary Soames, Winston Churchill – His Life as a Painter. London 1990

Frances Spalding, Vanessa Bell – A Biography. London 1983
Frances Spalding, Duncan Grant – A Biography. London 1997
Georg Spater/Ian Parsons, Portrait einer ungewöhnlichen Ehe – Virginia und Leonard Woolf. Frankfurt am Main 1987
Suzanne Raitt, Vita & Virginia – The Work and Friendship of Vita Sackville-West and Virginia Woolf. London 1993
Frederic Spotts, Letters of Leonard Woolf. London 1990
Desmond Stewart, Lawrence von Arabien. Düsseldorf 1979
Caitlin Thomas, Life with Dylan Thomas. New York 1986
Dylan Thomas, Unter dem Milchwald. Stuttgart 1971
George Tremlett, Caitlin. London 1986
George Tremlett, Dylan Thomas – In the Mercy of his Means. London 1991
Sally Varlow, A Reader's Guide to Writers' Britain. London 1996
Angus Wilson, The strange Ride of Rudyard Kipling – His Life and Works. London 1994
Jane Wilton-Smith, Die Stadt Bath. London 1973
Dorothee Wordsworth, The Grasmere Journals. London 1991 (ed. by Pamela Woof)
Leonard Woolf, Mein Leben mit Virginia. Frankfurt am Main 1994
Leonard Woolf, Sowing. London 1961 (Autobiographie Bd. I, 1880-1904)
Leonard Woolf, Growing. London 1964 (Autobiographie Bd. II, 1904-1911)
Leonard Woolf, Beginning Again. London 1967 (Autobiographie Bd. III, 1911-1918)
Leonard Woolf, Downhill all the Way. London 1967 (Autobiographie Bd. IV, 1919-1934)
Leonard Woolf, The Journey not the Arrival Matters. London 1969 (Autobiographie Bd. V, 1939-1969)
Virginia Woolf, Orlando. Frankfurt am Main 1990
Virginia Woolf, Tagebücher I, 1915-1919. Frankfurt am Main 1990
Virginia Woolf, Tagebücher II, 1920-1924. Frankfurt am Main 1994

Bildnachweis

Archiv für Kunst und Geschichte, Berlin: 117
Brontë Parsonage, Haworth: 49
Rollie McKenna, Northampton: 207
National Portrait Gallery, London: 18, 158
Ullstein Bilderdienst, Berlin: 78, 90, 106
Für alle farbigen Aufnahmen der Dichterhäuser: © Horst und Daniel Zielske, Göttingen. Alle anderen Abbildungen stammen aus dem Archiv des Insel Verlags.

Zu dieser Ausgabe

Die Kapitel »Bloomsbury in Charleston«, »Winston Churchill in Chartwell«, »Lawrence von Arabien in Cloud's Hill«, «Vita Sackville-West und Harold Nicolson in Sissinghurst Castle« sowie »Leonard und Virginia Woolf in Monk's House« wurden in kürzerer Form bereits in dem Band *England – Der Süden* im Verlag Reise Know-How publiziert. Für die Veröffentlichung in diesem Band wurden die Texte überarbeitet und wesentlich erweitert.